C=O
NH2
CH3-CH2-CH2-CH3
CH3-COOH
NO2
Al(OH)3 → Al2O3 + 3H2O
CH3C=O
NH2

C=O
NH2
CH3-CH2-CH2-CH3
CH3-COO
NO2
2Al(OH)3→Al2O3+3H2O
CN
CN
CH3C=O
NH2

재미있는 바닷속 여행

대한과학진흥회 _엮음

스완미디어
SWAN MEDIA

책 머리에

오늘날 우리들은 고도로 발달된 과학 문명의 혜택 속에 살고 있습니다.

우리의 선진 조국 창조를 위해 무엇보다 중요한 것이 과학기술의 개발입니다. 특히 자원이 부족한 우리나라에서 가꾸어야 할 유일한 자원은 과학 기술로 무장한 풍부한 인력 자원입니다.

대한 과학 진흥회에서는 배우는 학생들을 위해 사물을 깊이 관찰하는 습관과 합리적이고 창의적인 과학적 사고를 심어 주기 위한 방법의 하나로 과학 문고를 엮어 내고 있습니다.

과학 문고를 펴냄에 있어서 딱딱한 과학지식을 그림을 곁들여 쉽고 재미있게 이야기로 풀어 써서 학생들이 스스로 원리를 발견하고 재미를 느끼게 함으로써 과학의 여러 분야에 대하여 흥미를 갖고 접근할 수 있도록 하였습니다.

이 책과 더불어 많은 학생들이 과학에 깊은 관심을 갖고 탐구심과 창의력을 기르며 과학을 생활화 할 줄 아는 사람이 되는데 많은 도움이 되었으면 하고 바라는 마음 간절합니다.

기획편찬 **대한과학진흥회**

차례

생각하는 물고기_ 10

무인도의 파도_ 42

바닷물 공장_ 64

물고기들의 천국_ 86

바다의 얼굴_ 116

생각하는 물고기

물고기도 사람처럼 자신의 새끼를 사랑합니다.

"얘야, 차 조심해라."

"얘야, 춥지 않게 옷을 여며 입어라."

"얘야, 감기 들라. 조심해라."

우리 어머니나 아버지들은 늘 우리에게 이렇게 말합니다. 다치거나 병에 걸리게 될까 봐 염려해서입니다. 우리를 지극히 아끼고 염려하여 주시는 부모님의 이 마음은 바로 사랑입니다.

이처럼 새끼들을 매우 사랑하는 물고기가 있습니다.

"현일아, 자식 사랑이 지극한 물고기들을 구경하러 갈까?"

현일이 삼촌은 물고기를 연구하는 학자입니다.

현일이는 삼촌과 함께 남해안 신안 앞바다의 해상 도시에 왔습니다. 현일이는 올해 초등학교 2학년입니다. 이 해상 도시는 바다 위에 건설된 도시입니다. 우리 나라엔 이런 도시가 여러 군데 있습니다

삼촌은 현일이를 데리고 수족관으로 갔습니다.

이 수족관에는 바닷속의 물고기가 종류별로 모두 들어 있습니다.

"이 물고기는 잔가시고기라고 한다. 잘 보렴. 동그란 고치 모양의 집이 보이지?"

현일이는 고개를 끄덕였습니다.

"잔가시고기의 수컷이 물풀의 줄기로 둥지를 짓는 거란다."

삼촌이 가리킨 둥지 부근엔 물풀이 가득차 흔들리고 있었습니다.

잔가시고기의 수컷은 둥지의 바닥에 모래를 긁어 모아 기초 공사까지 합니다.

다 지은 둥지 앞뒤로 구멍이 있습니다. 멋있는 터널 모양입니다. 둥지에 신선한 물이 흐르도록 되어 있습니다.

수컷은 또 쉬지 않고 둥지를 고치고 가슴지느러미를 부채처럼 사용하여 안에 신선한 물을 계속 넣어 줍니다.

잔가시고기가 분주하게 둥지 둘레를 돌고 있었습니다.

"이제 보금자리가 다 만들어지면 수컷은 암컷을 데리고 오지."

"알을 낳도록 하기 위해서요?"

"그럼, 암컷은 수컷이 지은 보금자리가 마음에 들면 그 집 안으로 들어가 알을 낳는단다."

삼촌은 설명을 계속했습니다.

"암컷은 새끼를 낳고 이내 집을 떠나 버린단다."

"그럼, 새끼는 누가 돌보아 주어요?"

"수컷이 하는 거지. 수컷은 보금자리를 지키며 알 근처에 아무도 못 오게 하지. 새끼들이 다칠세라 여간 조심하는 게 아니야."

현일이는 참으로 별난 물고기도 있구나 하고 연신 감탄을 했습니다.

"저 물고기 이름은 뭐여요?"

"그건 실고기라 하지. 수컷은 배에 새끼를 기르는 주머니를 가졌어. 알주머니라 하는데, 이 알주머니에 알을 낳는단다."

"이 암컷도 알을 낳고는 떠나는 건가요?"

"그렇단다. 수컷은 암컷 없는 새끼를 키우느라고 정성을 다하지. 알에서 깨어난 새끼들은 이 주머니를 들락날락하는 거야. 무슨 위험이 닥치면 밖에서 헤엄치다가도 얼른 이 주머니로 다시 들어와 몸을 숨기곤 하지."

"새끼가 다 클 때까지 돌봐 주는 건가요?"

"그렇지."

"저 물고기는요?"

"그건 해마라고 한다."

"꼭 용처럼 생겼어요."

"그놈, 용을 본 것처럼 말하네."

"그림에서 보았거든요."

"용은 상상의 동물이야. 그러고 보니 네 말처럼 용을 닮았구나."

"이 해마도 수컷이 새끼를 키워요?"

"그럼, 이 해마는 알주머니를 꼬리 부근에 갖고 있거든."

"꼭 캥거루 같네요. 새끼주머니가 있는 것이."

"캥거루는 암놈이 새끼주머니를 갖고 있지 않던?"

"아, 그렇지."

현일이는 고개를 끄덕였습니다.

실고기나 해마는 온대 지방 바다의 거머리말이 무성한 곳에 많이 살고 있습니다. 몸 길이는 45센티미터 정도입니다.

열대 지방에 사는 것은 온대 지방 것보다 훨씬 적습니다.

실고기나 해마는 세로로 헤엄치는 것이 특징입니다. 가슴지느러미를 키처럼 움직이면서 꼬리지느러미를 흔들어댑니다.

"삼촌, 꼬리를 풀 줄기에 감고 있네요?"

"먹이를 먹고 있을 때는 바닷풀에 꼬리를 감고 있지."

"그럼, 지금 저 해마가 식사를 하고 있다는 거여요?"

현일이는 해마를 유심히 들여다보았습니다.

"이 물고기는 오스트레일리아 바다에 사는 쿠르투스라 하지."

"어! 이마에 알을 붙이고 있는데요?"

"알을 이마에 붙이고 다니는 놈은 죄다 수컷이지. 새끼로 깨일 때까지 알을 이마에 붙이고 다닌단다."

삼촌은 현일이의 손목을 잡고 다음 칸으로 옮겨 갔습니

다.

"이 물고기는 탈라피아라고 하지. 이놈은 새끼들을 입에 가득 물고 약 5일 동안 그대로 있지. 5일 동안 수컷의 입 속에 있다가 알이 깨면 새끼들은 수컷의 입 속에서 나와 헤엄쳐 다닌단다."

"그러면 알을 입 속에 물고 있을 때는 먹이를 못 먹잖아요?"

현일이가 고개를 갸우뚱하며 물었습니다.

"물론 굶는 거지."

"그래도 죽지 않아요?"

"살이 조금 빠지는 정도겠지. 그런데 새끼들이 위험을

느끼면 아비의 입 속으로 다시 들어가기도 하지.”

“그럼, 수컷의 입은 새끼들의 피난처이기도 하네요.”

삼촌은 고개를 끄덕였습니다.

“삼촌, 저 물고기는 굉장히 사나워 보이는데요?”

“그 물고기는 베타 스플렌덴스라는 거지. 싸움 잘 하는 물고기로도 유명하단다. 이 수컷은 둥지에 다가오는 다른 물고기와 맞닥뜨려 싸우지.”

이 물고기는 둥지를 만들어 새끼를 키우고 있습니다. 이 사나운 수컷의 힘에 못이겨 다른 물고기들은 둥지에 얼씬도 못하게 됩니다.

“이 물고기는 디스커스 피시라 한단다. 이 물고기의 수컷은 어린 새끼들이 위험한 바닷속을 헤엄치는 동안 주위를 살피면서 지켜본단다."

"삼촌, 저건 메기와 비슷하네요?"

"개프톱세일 메기라는 물고기지. 이 메기는 가시가 있는 것이 특징이야. 약 50개의 알을 낳거든. 이 물고기의 수컷도 알을 입속에 넣고 지내는 기묘한 습성을 갖고 있지."

"그러면 이 물고기도 알이 깨어질 때까지 먹지 못하겠네요."

"그럼."

"배가 고파 혼이 나겠군요."

현일이는 수컷 물고기들이 가엾은 생각이 들었습니다.

"이 물고기는 줄실고기라 하지. 암컷이 수컷의 배에 알을 낳는단다. 이 알은 수컷의 배에 붙어 안전하게 깨어진단다."

"이놈도 수컷이 새끼를 돌봐 주나요?"

“그럼.”

“모두 눈물겨운 아버지들이네요.”

“눈물겹다니, 아주 억센 아버지들이지.”

삼촌은 눈을 찡긋해 보이며 웃었습니다.

“삼촌, 자식 사랑은 아버지 물고기가 혼자 다 해요. 새끼 사랑하는 엄마 물고기는 없어요?"

"있지. 용감한 아비 물고기가 있는가 하면 아주 정이 많은 어미 물고기도 있지."

삼촌은 현일이의 손목을 잡고 다음 칸으로 갔습니다.

"저건 갈치잖아요?"

현일이가 말했습니다. 갈치는 매우 눈에 익은 고기였습니다.

"저 자갈치는 어미가 알을 보호한단다. 알을 보호하기 위하여 안전한 구멍을 찾아 헤매지. 안전한 곳이 없으면 암컷이 스스로 경비원 구실을 한단다."

"삼촌, 저것은 메기같은데요?"

"그건 산파 메기지."

"알을 배 밑에 끼고 다니는데요?"

"그렇지. 알에는 툭 튀어나온 부분이 있지. 그것을 이용하여 어미에 붙어 있는 거야."

"그럼, 수컷은 뭘 하나요?"

"수컷? 글쎄."

삼촌은 말을 얼버무렸습니다.

"이 물고기는 포오트라고 하지. 평편한 바위 위에 알을 낳으면 어미는 가슴지느러미를 움직여 공기가 잘 통하도록 한단다. 알에서 깨어 새끼가 제 힘으로 헤엄칠 때까지 암컷은 안전한 모래 구멍으로 새끼를 나르기도 한단다."

물고기의 사랑이 이만하면 칭찬할 만도 합니다.

"현일아, 시계를 가진 물고기를 찾아가 볼까?"

"물고기도 시계를 가졌어요?"

"그럼, 훌륭한 시계를 가졌지."

현일이는 고개를 갸우뚱했습니다. 물고기가 시계를 가졌다니 도무지 믿어지지가 않았습니다. 삼촌에게 끌려 그리로 갔습니다.

"이건 게잖아요?"

"농게라 하지."

"시계가 안 보이는데요?"

"너도 참. 물고기가 어떻게 시계를 차고 다녀?"

"삼촌이 그랬잖아요. 시계를 가진 물고기가 있다고요."

"그게 아니고 몸 속에 시계가 있다는 말이다."

"그럼 몸 속에 시계가 들어 있다는 말이어요?"

"시간을 알 수 있는 뭔가가 있다는 거야. 과학자들은 그걸 몸속 시계라 하고 생물 시계라고도 한단다."

삼촌은 설명을 했습니다.

행동이 규칙적으로 일어나게 하는 그 어떤 힘이 있다는 것입니다.

농게는 어떤 바닷가에서도 흔히 볼 수 있는 게입니다. 수컷은 한쪽의 큰 집게로 손짓하는 동작을 합니다.

이 농게는 낮에는 검은 색깔이고 초저녁에는 흰색으로 되었다가 새벽녘에는 다시 검은색으로 변한다고 합니다.

이 농게의 색깔이 변하는 시각이 일정하다는 것입니다. 그래서 이 농게를 생물시계가 있는 물고기 종류라 하기도 합니다.

농게는 모래굴에서 빠져 나와 썰물이 물러간 모래 위를 검은 껍질을 보이면서 여기저기 돌아다닙니다. 이 껍질이 제일 검게 되는 시각은 매일 50분씩 늦어진다고 합니다.

이것은 썰물과 밀물이 일어나고 있는 시각과 일치된다고 합니다.

참으로 신기한 일이지요? 어쩌면 사람과 많이 닮은 점이 있습니다. 우리는 더우면 엷은 옷과 소매가 짧은 옷을 입습니다.

"삼촌, 농게는 머리가 매우 좋은가 봐요."

"왜?"

"몸의 색깔을 변화시킬 수 있는 시간을 아니까요."

"그놈 참, 꿈보다 꿈 풀이를 잘 한다더니 네가 꼭 그렇다. 그 풀이가 맘에 들어."

삼촌은 현일이를 추켜세웠습니다. 현일이는 기분이 좋았습니다.

"이 물고기는 미국의 캘리포니아 가까운 바다에 사는 그루니온이라는 물고기이지."

현일이는 유리 속의 물고기를 유심히 바라보았습니다.

"이 물고기도 밀물 썰물의 영향을 받지."

삼촌은 이 물고기를 가리키면서 설명을 계속했습니다.

그루니온은 밀물에 밀려 모래 위로 올라옵니다. 썰물이 밀려가면 그루니온은 모래 위를 펄떡펄떡 뛰어다닙니다. 그리고 암컷은 꼬리 끝을 모래에 묻고 모래 속의 안전한 곳에 알을 낳습니다.

수컷은 여기에다 정자를 뿌립니다. 다시 밀물이 밀려왔다가 썰물 때 바다로 나갑니다.

이 그루니온은 바닷물이 가장 낮은 때인 조금이 되는 밤을 잘 이용하여 알을 낳습니다. 이 조금이 되는 날짜는 대체로 음력 8일과 23일입니다.

그러니까 그루니온은 정확히 보름 만에 모래펄에 올라와 알을 낳곤 한답니다.

몸 속에 시계가 없고서야 어떻게 정확

한 날짜를 알아낼 수 있겠어요. 참으로 신비스러운 일입니다.

모래 속의 그루니온 알은 보름 만에 깨어 썰물 때 파도를 타고 바다로 헤엄쳐 나갑니다.

"현일아, 이번엔 몸 속에 나침반을 갖고 있는 물고기를 보러 가자."

"나침반이 뭐여요?"

"방향을 가리키는 시계 같은 거지."

"그러니까 방향을 잘 아는 물고기란 뜻이겠군요."

삼촌이 고개를 끄덕였습니다. 현일이는 삼촌이 걸음을 멈추자 자기도 걸음을 멈추었습니다.

"이건 뱀장어잖아요?"

"그렇지, 뱀장어들은 어미가 왔던 길을 용하게도 따라가지."

삼촌은 뱀장어의 신기함에 대해 이야기하였습니다.

북아메리카와 유럽 대륙의 바다에서 대서양으로 나온 뱀장어는 살갓소 바다에 와 알을 낳는다고 합니다. 그리고 여기서 깨어난 어린 새끼들은 어미가 왔던 길을 따라 어미가 살던 곳으로 돌아간다고 합니다.

참으로 신기한 물고기입니다. 깊고 깊은 어둠의 바닷길을 조금도 틀리지 않고 간다는 것은 놀라운 일입니다.

"뱃속에 방향을 가리키는 나침반이 없고서야 정확한 방향을 알 수 없잖아."

삼촌의 말에 현일이는 뱀장어의 배를 째보자고 했습니다. 나침반이 있는가 없는가를 보고 싶었습니다.

"배를 째면 죄 없는 뱀장어 한 마리만 죽게 되는 거야."

"뱃속에는 나침반이 없지만 방향을 정확히 아는 건 웬일일까요?"

"뱀장어는 어미가 자라던 곳으로 찾아가지만, 제가 태어났던 곳으로 정확히 찾아가는 물고기도 있지."

"그게 어떤 고기인데요?"

"바로 이 물고기야. 연어라고 하지."

삼촌이 가리키는 물고기는 미끈하게 잘생겼습니다.

연어가 고향을 찾아가는 신비한 방법은 아직도 모릅니다. 연어가 방향을 정확히 아는 것은 태양을 보고, 또는 달이나 별을 보고 방향을 정한다고 합니다. 그러나 그것은 확실한 이야기는 아닙니다.

연어는 강에서 태어납니다. 우리 나라의 강원도 양양의

남대천에는 연어가 알을 낳으러 몰려듭니다. 우리 나라 동해안의 하천은 연어가 알을 낳으러 오는 좋은 장소입니다.

여기서 연어는 태어나 먼 바다로 나갑니다. 먼 바다로 나가 성장한 연어는 다시 제가 태어난 고향으로 돌아온다고 합니다.

정말 수수께끼 같은 이야기입니다.

"이번엔 걷는 물고기 구경을 할까?"

"삼촌, 물고기가 어떻게 걸어요?"

현일이는 물고기는 헤엄만 친다고 생각하고 있었습니다.

"어떻게 걷기는…. 그냥 걷는 거지."

"그럼 발이 달렸겠네요?"

"물고기부터 보고 말하자."

삼촌은 다시 말을 이었습니다.

"이건 말뚝망둥어이지. 물에서 나와 바다가를 걷는다는 거야."

이 물고기는 아프리카, 아시아, 오스트레일리아의 얕은 바다에서 산다고 합니다. 말뚝망둥어는 곤충을 찾아 바닷가를 뛰어다닌다고 합니다.

한 번에 1센티미터씩 뛰어 1시간에 3킬로미터 이상을 간다고 합니다.

"삼촌, 그럼 이 물고기는 어린아이 걸음보다 훨씬 빠르네요?"

"빠르다 뿐이니? 네 걸음보다 더 빨라. 네가 1시간에 3킬로미터를 걸을 것 같니?"

현일이는 머리를 긁적였습니다.

이 말뚝망둥어는 때로 꼬리를 바닥에 밀어붙였다가 용수철에서 튀듯 1미터나 뛰는 수도 있다는 것입니다.

이 물고기는 입 안쪽의 주머니에 물을 저장한답니다. 이 주머니의 물에 아가미를 적시면서 땅 위에서도 물 속에서와 같이 숨을 쉴 수가 있습니다. 참 신기한 물고기입니다.

"이 물고기의 머리엔 가시가 나 있네요?"

현일이는 별난 고기가 있다

는 듯 유심히 들여다보았습니다.

"이 물고기는 클라이밍퍼치라 하지. 이름은 머리와 아가미 덮개의 끝에 있는 가시를 사용하여 맹그로브 나무를 올라가기 때문에 붙여진 것이야."

"그러니까, 나무에 기어올라가는 물고기이네요?"

삼촌은 고개를 끄덕였습니다.

"왜, 나무에 올라갈까요?"

삼촌은 고개를 옆으로 저었습니다. 그건 잘 모른다는 뜻이었습니다.

"이 물고기는 성대라 부르지. 이놈도 앞 지느러미로 바다 밑을 걸어다니지. 다리와 같은 가슴지느러미는 먹이를 잡기도 하고 위험할 땐 몸에 모래도 끼얹고 한단다."

현일이는 작은 성대의 가슴지느러미를 유심히 살폈습니다. 사람의 다리처럼 생겼습니다. 이 성대는 자기 몸을 가장 위장 잘하는 물고기이기도 하답니다.

"이건 비행기 물고기야."

"예?"

"놀라긴, 이 물고기는 날아다닌다 하여 날치라 한단다."

"무엇으로 날아요?"

"물론 지느러미로 날지."

삼촌은 자세히 설명하였습니다.

날치는 보통 1분 정도는 난다고 합니다. 바람을 잘 타면 3미터에서 6미터의 높이를 날 수 있습니다.

날치는 앞지느러미를 새의 날개와 같이 활짝 펴면서 날아간다고 합니다.

가슴지느러미와 배지느러미를 한꺼번에 사용하여 쌍날개의 비행기처럼 날아가는 날치도 있답니다.

"이 물고기는 가피시라는 거야. 이 물고기는 모터보트의 스크루와 같이 그 꼬리를 사용하여 물 위로 스치듯 날아간단다."

"삼촌, 그 꼬리가 비행기 프로펠러 같은 구실을 하네요."

"그렇다고나 할까?"

삼촌은 다음 칸으로 갔습니다.

"이 물고기는 이발사라 할 수 있지."

"무슨 고기인데요?"

"에인젤 피시라고 부르지. 이놈은 다른 물고기를 손질해주는 것으로 유명하단다. 멕시코 바닷가의 사람들은 이 물고기를 이발사라고 부르고 있지."

"그럼, 이 물고기는요?"

"래스라는 물고기지."

이 물고기는 양쪽 눈이 따로따로 볼 수 있도록 되어 있습니다. 왼쪽 눈이 왼쪽을 보고 있는 동안에 오른쪽 눈은 앞을 바라본다고 합니다.

이 래스는 켈프 피시라는 물고기의 입 속으로 들어가 이빨을 청소해 준다고 합니다.

때로는 식도 속에까지 들어가 켈프 피시가 기분 좋도록

하여 줍니다.

“그러면 물고기의 청소부네요?”

“그렇지.”

“이놈도 청소부일까요?”

“그럼, 나비고기라 한단다. 납작한 나비고기는 작은 이빨로 다른 물고기의 입안을 청소한단다.”

“이놈은 어떤 물고기이어요?”

“사격의 명수야.”

현일이는 무슨 뜻인지 알 수 없어 삼촌을 쳐다봤습니다.

“유명한 사냥꾼이지.”

“무얼로 사냥을 해요?”

삼촌은 씽긋 웃으면서 다시 말했습니다.

“사수어라는 물고기인데 물을 뿜어서 곤충을 잡아먹지.”

“어떻게 물을 뿜어요?”

“혀와 턱으로 만든 가느다란 관을 통해 아가미 덮개를 오므려 물을 뿜어내지.”

“뿜어내는 물의 힘에 곤충이 떨어지는 거여요?”

“그럼, 그러니까 사격의 명수라 하잖아.”

현일이는 고개를 끄덕였습니다.

"그럼 물총고기라 하면 되겠네요."

"차라리 물총고기라 하는 게 더 좋겠군. 물총으로 물가의 나뭇잎에 앉아 있는 곤충을 쏘아 잡으니까."

현일이는 입을 모아 물총을 쏘는 시늉을 하였습니다.

"너는 아무래도 물총고기처럼 되기는 틀렸다."

"왜요?"

"입이 뾰족하지 못해."

현일이는 그만 입을 삐죽이 내밀었습니다.

"삼촌, 이 물고기는 창자

가 다보이네요?"

"글라스켓 피스라는 물고기야. 온몸이 유리처럼 투명하지. 그래서 유리고기라고도 하지."

"왜 제 몸을 유리처럼 훤히 보이게 할까요?"

"글쎄."

"삼촌은 물고기 박사인데 그것도 모르셔요?"

"박사라고 다 아니? 모르는 것 놔 두곤 다 알지만."

삼촌은 씽긋 웃었습니다.

"삼촌, 이 물고기는 꼭 쥐치를 닮았네요?"

현일이가 손가락으로 가리켰습니다.

"그놈, 쥐치포를 잘 먹더니 그건 얼른 알아보는군."

"그럼요."

현일이도 씽긋 웃었습니다.

"쥐치과에 속하는 물고기인데 파일피시라고도 하지. 이놈이 바다의 안내자라 할 수 있단다."

이 물고기는 날개에 무늬가 있는 나방과 비슷하게 생겼습니다. 이 물고기는 곳에 따라서 몸의 색깔을 잘 변화시킨다고 합니다.

"이놈은 바닷풀이 무성한 곳에선 몸을 거꾸로 세워 꼬리를 천천히 흔들고 있지."

"그럼 지금은 왜 거꾸로 몸을 세우지 않아요?"

"위험하다고 느끼지 않기 때문이지. 위험함을 느끼면 이 놈은 재빨리 몸을 세워 물풀처럼 몸을 흔들거든. 그러면 큰고기는 물풀인 줄 알고 그냥 지나치게 마련이야."

"그것도 몸을 피하는 훌륭한 기술이네요."

삼촌이 고개를 끄덕였습니다.

현일이는 여러 가지 모양의 물고기에게 그만 넋을 잃고 말았습니다.

"점심이나 먹고 구경하자."

어느새 점심 시간이 된 모양입니다. 현일이는 배고픔도 잊었었습니다. 현일이는 삼촌을 따라 식당으로 들어갔습니다.

다양한 바다의 갑각류

대왕 조개
인도 태평양의 산호초 속에 서식하는 대왕조개(Tridacna gigas)는 패각(貝殼)의 길이 약 1.5m, 무게 약 225 kg이다. 무척추동물 중에서 가장 느린 것과 가장 빠른 동물이 모두 이 문에 속하며, 가장 활동성이 있는 것도 연체동물 중에 있다. 초식성인 것과 육식성인 것 수중의 찌꺼기를 걸러서 먹는 것 등이 있다.

게
전 세계에 4,500여종, 우리나라에 183종이 서식하고 있는 것으로 알려져 있는 게는 다리가 열개여서 절지동물 갑각강 중에서 십각목으로 분류된다. 열개의 다리는 기능적으로 한 쌍의 집게발과 네 쌍의 걷는 다리로 나뉜다. 게는 그 종류만큼이나 서식 환경과 외양적 특성이 다양하다.

투구게
현재 지구상에 생존하는 종에는 3속 5종이 알려져 있으며 약 2억년 전의 모습과 거의 같은 형태를 하고 있기 때문에 '살아 있는 화석' 으로 불린다.갑각류와 구분되어 투구게류에 속한다. 투구게는 몸길이 약 50~60cm이다. 몸은 머리가슴 배 꼬리의 3부분으로 되어 있다

앵무조개
앵무조개의 껍질은 나선형으로 말려들어 가는 구조인데 마지막 층으로 감겨들어 간 곳에 검은 색소가 물들어 있다. 이 부분이 마치 앵무새의 부리를 연상케 하여 앵무조개라는 이름이 붙었다.몸의 구조가 원시적이라 살아 있는 화석이라 부른다. 앵무조개의 촉수는 다른 연체동물과는 달리 빨판이 없다. 수컷에는 60여 개의 촉수가, 암컷에는 더 많은 90여 개의 촉수가 있다.

바닷가재
태평양, 인도양, 대서양 연근해 등에 분포하며 육지와 가까운 바다 밑에 서식한다. 낮에는 굴 속이나 바위 밑에 숨어 지내다가 밤이 되면 활동한다. 수명은 약 15~100년으로 콜레스테롤과 지방함량이 적고 비타민과 미네랄을 공급해 준다.가시발새우과와 닭새우과의 일부 종은 중요한 수산자원이다.

소라게
소라게상 또는 참집게상과(Paguroidea) 중에서 주로 고둥의 패각을 직접 짊어지고 생활하는 갑각류를 가리키는 명칭이다. 새우와 게와 동일한 십각목이지만, 조개 등에 몸을 맞추기 위해 체형을 변형시키고 있다

패각
패각의 용도는 매우 다양하다. 분말로서 호분이나 제산제, 태운 조개재로서 도료, 매염제, 비료 등으로 이용되고, 나아가 조개세공의 재료로도 여러 종류의 패각이 이용되고 있다. 대합의 껍데기는 색이 바래게 하여 용기, 바둑돌로 이용하고 전복, 야광조개의 껍데기는 숫돌에 갈아 진주층만으로 하며 나전, 건축재료, 장식에 쓰인다. 최근 칼슘 부족을 보충하기 위한 영양보조식품으로 굴의 패각 등이 사용되고 있다.

무인도의 파도

"배부르게 점심을 먹었으니 시원한 바닷바람이나 쐴까?"

삼촌은 헬리콥터장으로 향했습니다.

"삼촌, 어디로 구경가는데요?"

"가 보면 알지."

삼촌은 현일이의 궁금증을 자꾸 불러일으키기만 하였습니다. 현일이는 꿀먹은 벙어리가 될 수는 없었습니다.

"제가 알아맞혀 볼까요?"

"그래."

"비행기 탈려고요."

"틀렸어."

삼촌은 퉁명스럽게 말하였습니다. 많은 사람들이 넓은 광장에서 인력 비행기를 타고 있었습니다.

인력 비행기란 자전거 바퀴 모양의 페달을 밟아 프로펠러를 돌려 날아다니는 비행기입니다. 날개에는 태양 전지를 달았습니다. 이 태양 전지의 힘과 사람이 밟는 페달의 힘으로 날 수 있는 비행기입니다.

현일이는 그 비행기를 생각하고 있었습니다. 어쩌면 저도 한번 타보고 싶기도 했습니다.

현일이는 삼촌의 퉁명스러운 말에 그만 시무룩해졌습니다.

공중에선 많은 손님들이 인력 비행기를 타고 날면서 손을 흔들고 있었습니다. 현일이는 입을 꾹 다물고 삼촌의 뒤만 따랐습니다.

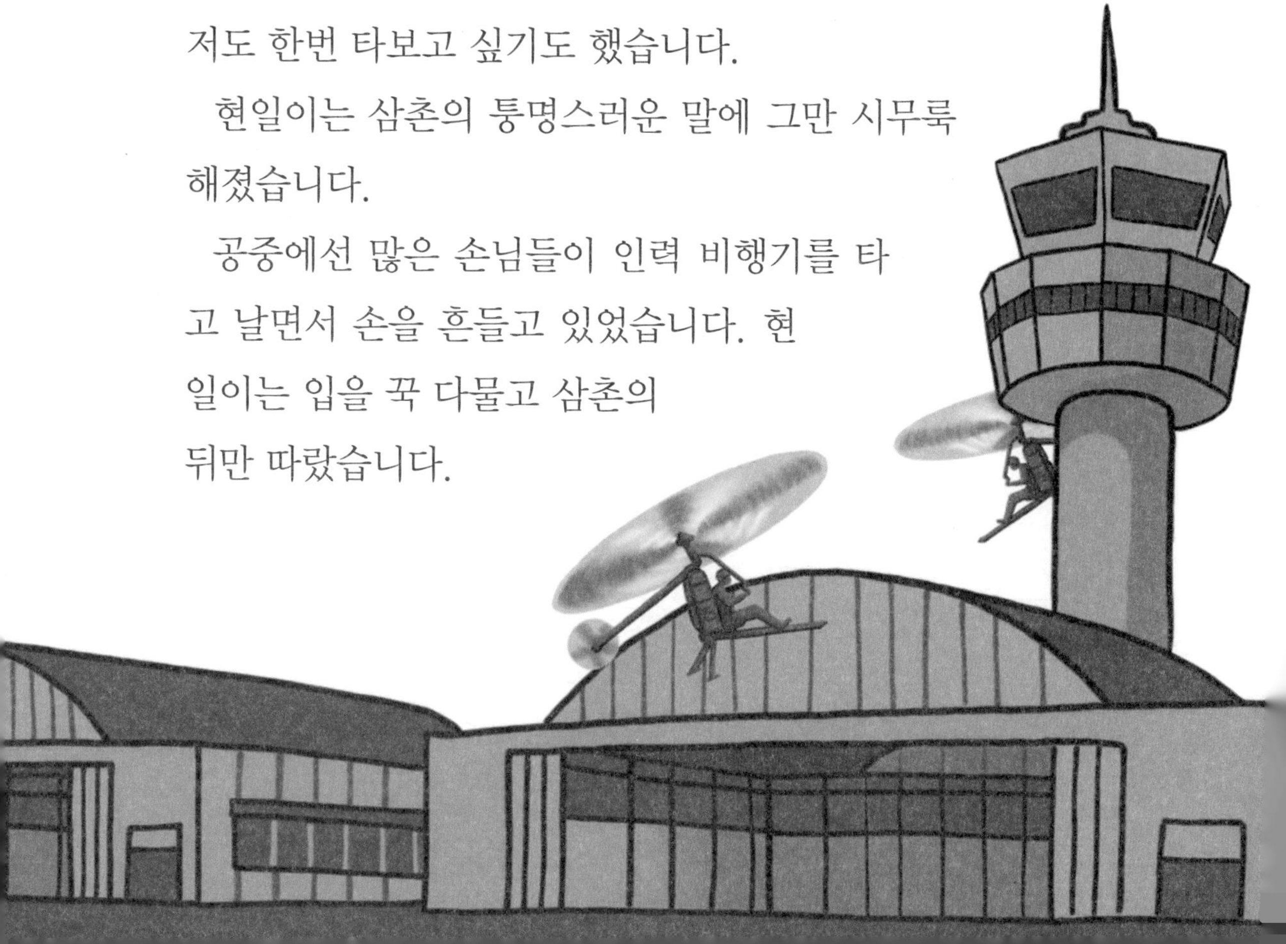

"여기 잠깐 서 있거라."

삼촌은 현일이를 세워 놓고 저쪽 광장 사무실로 갔습니다.

'삼촌이 왜 저럴까?'

현일이는 고개를 갸우뚱 거리면서 삼촌의 뒤만 바라보고 섰습니다. 삼촌은 조금 있다가 사람 몸뚱이 만한 상자를 끌고 왔습니다.

"삼촌, 그게 뭐여요?"

"조금 있으면 알아."

"삼촌, 오늘 점심을 잘못 먹은 거 아니에요?"

"내가 점심을 왜 잘못 먹어?"

"그럼 왜 자꾸 조금 있으면 알아, 가보면 알아만 해요."

삼촌이 그만 씽긋 웃었습니다.

삼촌은 그 물건을 열기 시작했습니다.

"어!"

현일이의 눈이 둥그래졌습니다.

"매우 궁금하지?"

삼촌은 이상한 물건을 열면서 현일이를 보았습니다. 현일이는 정말 궁금했습니다.

"이건 로터 사이클이라는 거지. 간단히 말해서, 혼자 아니면 두 사람이 탈 수 있는 아주 작은 헬리콥터야. 미니 헬리콥터라 하면 알맞지."

현일이는 삼촌이 만지는 물건을 유심히 바라보았습니다. 삼촌은 접혔던 날개와 꼬리 및 발받침대를 펼쳤습니다.

이 로터 사이클은 날개와 꼬리, 발받침대를 접으면 몸뚱이만한 크기가 됩니다. 이것을 승용차 지붕이나 뒷 트렁크 속에 넣을 수 있어 운반이 편리합니다.

삼촌은 몸체만한 상자에서 끄집어낸 것들을 조립하였습니다. 조그만 헬리콥터가 되었습니다.

이런 로터 사이클은 군대에서도 많이 이용하고 있다 합니다. 아주 높은 건물에 쏜살같이 올라갈 수도 있습니다. 또 적의 후방 진지에 새처럼 날아갈 수도 있답니다.

"자, 타거라."

삼촌이 먼저 올라타고 현일이를 옆에 앉혔습니다.

"와!"

현일이는 그만 고함을 질렀습니다.

"그놈, 놀라긴. 괜찮아."

삼촌은 씽긋 웃으면서 로터 사이클을 조정하였습니다.

"겁이 나서 고함을 지른 게 아녀요."

"그럼."

"기분이 좋아서 고함을 지른 거여요"

"허허."

"삼촌도 그만 너털웃음을 웃었습니다."

"와!"

현일이는 또 고함을 질렀

습니다.

"네가 점심을 잘못 먹었군."

"왜요?"

"자꾸, 와! 와! 하니까 말이다."

"히히."

현일이는 그만 씽긋 웃었습니다. 현일이는 눈 아래 펼쳐진 파란 바다를 보고 감탄을 했습니다.

바다는 정말 아름다웠습니다.

더구나 남해의 다도해는 한폭의 그림같기만 했습니다.

수많은 섬들은 마치 연못에 조그마한 바위가 솟아있는 것 같았습니다.

삼촌은 남해 다도해의 어느 무인도에 내렸습니다. 사람이 살지 않는 섬이라 너무도 조용했습니다. 푸른 나무 숲과 괴상한 바위로 이루어진 섬이었습니다.

현일이의 입은 다물어질 줄 몰랐습니다.

"참 아름다워요."

현일이는 섬의 이모저모를 살펴보면서 감탄의 소리만 연거푸 뱉었습니다.

삼촌은 현일이의 손목을 잡고 바위로 뒤덮인 바닷가로 갔습니다.

파도가 바위를 철썩철썩 때리고 있었습니다. 파도는 물개가 덩실덩실 헤엄을 치는 것처럼 굽

이쳐 밀려왔습니다.

"삼촌, 파도는 어디에서 밀려오고 있어요?"

현일이는 먼 수평선을 바라보며 물었습니다.

"저 바다끝 너머에서 오는 거지."

"그럼 저 바다끝에 또 바다가 있어요?"

"그럼."

"와! 바다는 굉장히 넓은가 보죠?"

"그럼."

"삼촌, 정말 점심을 잘못 드셨나 봐요."

"그건 또 왜?"

"자꾸 그럼, 그럼 하니까 그렇지요."

삼촌이 그만 픽 웃었습니다.

삼촌은 파도에 대해 설명을 하여 주었습니다.

파도는 바람에 의하여 생깁니다. 바람이 세게 불면 파도는 그만큼 높이 밀려옵니다.

"파도의 힘은 엄청나게 크단다. 여름에 태풍이 불면 파도는 집채보다 더 크고 그 힘은 아주 커다란 콘크리트 덩어리도 무너뜨린단다."

"그렇게 무서워요?"

"그럼. 20여 년 전 서인도양에서 10미터나 되는 산더미 같은 파도가 갑자기 일었지. 서인도양에 떠 있는 열대 섬들을 덮쳤단다. 고기잡이 배를 바닷가 모래밭에 던져 올리고 집을 몽땅 삼켜 버렸지."

"파도도 괴물이네요?"

현일이가 눈을 둥그렇게 뜨고 말했습니다.

"괴물이고말고. 파도에 해일이라는 게 있지."

"해일이라니요?"

"지진이 일어났을 때 바닷물이 산더미 같은 파도가 되어 바닷가로 밀어닥치지. 이것을 해일이라고 한단다."

지진은 땅이 흔들리는 걸 말합니다. 지진으로 바다 밑이 내려앉거나, 솟아오를 때 해일이 일어난다고 합니다. 그 때문에 바닷면이 갑자기 높아지기도 하고 낮아지기도 하면서 큰 파도를 일으키는 것입니다.

"지금부터 30여 년 전 칠레에서 커다란 지진이 일어났거든. 칠레 바다에서 생긴 파도가 태평양을 건너 일본의 바닷가까지 밀려왔다는 거야."

현일이는 혀를 내둘렀습니다.

"현일아, 저쪽 바위를 보렴."

삼촌이 바위를 가리켰습니다.

"아! 바위에 구멍이 뚫렸네요."

삼촌이 가리키는 곳의 바위엔 커다란 구멍이 뚫려 있었습니다.

"저 바위 절벽 아랫부분이 패이고 구멍 뚫린 것은 모두 파도 때문이야."

"그럼, 파도가 이 바위를 구멍나게 했나요?"

삼촌은 머리를 끄덕였습니다. 현일이는 믿어지지 않았습니다.

"믿어지지 않는 일 같지만 틀

림없어. 지구가 생기고부터 파도는 쉬지 않고 바위를 때렸거든. 파도의 힘에 바위는 조금씩 깎이게 된 거야."

삼촌은 발 밑의 바닷돌 하나를 집어들었습니다.

"이 돌이 둥글둥글하지?"

"예."

"이 바닷가의 돌이 동글동글한 것은 파도에 수없이 깎여서 이렇게 둥글게 된 거야."

"정말 파도의 힘이 대단하네요."

"지금도 이 파도는 철썩거리며 바위를 계속 깎고 있는 거지."

현일이는 물의 힘이 이처럼 크다는 것을 미처 몰랐습니다.

"저쪽을 보렴."

삼촌이 가리키는 서쪽 저편에 커다란 공장 같은 게 보였습니다.

"저게 파력 발전소다. 파도를 이용한 발전소이지."

파력 발전소는 파도가 밀려왔다가 밀려가는 힘을 이용하여 전기를 일으킵니다.

"삼촌, 바다는 물고기만 사는 게 아니네요. 파도가 여러 가지를 만들어 주네요. 전기도 일으켜 주고.”

“전기를 일으키는 것은 파도의 힘만이 아니야.”

삼촌은 조력 발전소에 대해서도 이야기하였습니다.

조력 발전은 밀물과 썰물의 차로 전기를 일으킨다고 합니다.

삼촌은 바다 농장을 구경시켜 주었습니다. 섬 오른편 쪽은 갈색 바닷말로 가득 차 있었습니다.

“바싹 말리면 검은빛을 띠는 종이처럼 얇게 되는 바닷말이 재배되고 있단다.”

삼촌은 손끝으로 바닷말을 가리켰습니다.

“이 갈색 바닷말을 사람이 먹는 것은 물론이지만 또한 이 바닷말은 페인트, 화장품, 치약 등 생활 필수품을 만드는 데 쓰이지.”

현일이는 또 한 번 놀라 눈을 둥그렇게 떴습니다.

눈에 잘 띄는 노란색과 흰색의 부표가 바다 위에 떠 있었습니다. 이건 바다 농장을 표시하기 위한 것입니다.

커다란 잎이 달린 다시마들 사이로 갈매기들이 기웃거릴 뿐 색다른 점은 볼 수 없었습니다.

“이런 바다농장이 이 남해에 수없이 많단다.”

삼촌은 시원한 바닷바람을 들이마시며 숨을 크게 쉬었습니다.

"이곳에서 재배하는 바닷말은 갈색이지만 녹색 바닷말, 붉은색 바닷말이 있단다."

삼촌은 바닷말에 대해 설명을 하였습니다.

녹색 바닷말은 파래같이 파랗습니다. 붉은색 바닷말은 우뭇가사리나 김과 같이 붉은색을 띱니다.

"삼촌, 저쪽에 사람들이 보이네요?"

현일이가 손가락으로 가리켰습니다. 조그마한 배에서 사람들이 무엇을 건져 올리고 있었습니다

"거긴 바닷속의 농장에서 바닷말을

건져 올리는 거지."

땅 위의 식물은 비료도, 농약도, 물도 주어야 잘 자랍니다. 바닷속의 바닷말은 그렇게 하지 않아도 됩니다.

그러나 바닷속에는 바닷말이 붙어 살 수 있는 바위가 많지 않습니다. 또 바위가 있다 하더라도 깊이가 30미터 이상 되면 안 된다고 합니다. 깊이가 30미터 넘으면 바닷말이 충분한 햇빛을 받지 못하기 때문에 자라지를 못한답니다.

"저 배 밑 바닷속에는 우산살 같은 것을 넣어 놓았지."

"우산살이라니오?"

"바닷말이 잘 붙어 살게 커다란 우산살에다 밧줄을 거미줄처럼 엮어 놓았지. 이 우산살도 30미터 이내의 깊이에 있단다."

사람들은 물 속에서 우산살을 건져 올리고 있었습니다. 현일이는 바닷말을 건져 올리는 사람들을 한참 동안이나 바라봤습니다.

"지금 건져 올리는 바닷말은 '마크로 시스티스 피리페라' 라는 이름을 가진 것이지. 이 바닷말은 바닷말 가운데 가장 크고 빨리 자라는 종류야. 이 바닷말은 추운 지방, 더운 지방 어느 바다에서도 잘 자라지. 그래서 이 바닷말을 많이 재배한단다."

"얼마나 빨리 자라요?"

"하루에 60센티미터는 자라지."

"와!"

60센티미터면 현일이의 키의 반이나 됩니다. 놀라지 않을 수 없지요.

"이 바닷말이 다 자라면 60미터나 되는 아주 긴 바닷말이 되지."

그러고 보니 사람들은 바닷말을 끌어올리는 것이 마치 그물을 끌어올리는 듯이 보였습니다.

"삼촌, 저 바닷말은 어디에 쓰는 거여요?"

"그거? 메탄 가스로 이용하지."

삼촌은 이 바닷말로 가스 만드는 걸 설명하여 주었습니다.

이 바닷말을 탱크에 담아 썩히면 메탄 가스가 생겨난다고 합니다. 이 가스를 수돗물처럼 파이프로 끌어와 부엌의 가스 레인지와 연결하면 됩니다.

메탄 가스는 프로판 가스와 마찬가지로 강한 열을 내면서 탑니다.

"저쪽을 보아라."

삼촌은 저쪽 섬 끝을 손가락으로 가리켰습니다.

그쪽 섬에 커다란 공장이 보였습니다.

"저게 바로 여기서 건져 올린 바닷말을 썩혀 내는 메탄 가스 공장이야."

현일이는 고개를 끄덕이며 말했습니다.

"사람이 살지 않는 섬들이 아니네요."

"그럼, 빈 섬을 그냥 놀려 두어서는 아니되지."

삼촌은 섬 둘레를 한 바퀴 돌았습니다.

"이곳은 바닷말을 기르는 곳이지."

이곳에도 바다 농장의 하얀 부표가 떠 있었습니다.

"이 갤프라는 바닷말은 미역의 한 종류란다."

삼촌은 손을 바닷물 속에 넣고 갤프 이파리를 하나 뜯어냈습니다.

"이 갤프는 하루에 1미터씩이나 자라지."

"내 키만큼요?"

"그럼."

"와!"

현일이는 눈을 둥그렇게 굴렸습니다.

"이 갤프라는 바닷말은 영양분이 많기 때문에 아마 이곳 바다는 온통 푸른 갤프 농장으로 바뀔지도 모르지."

이 갤프는 가공하여 미역처럼 먹기도 한답니다. 그러나 대부분 영양분만을 빼기도 한다는군요.

"현일아, 돌아갈 시간이 되었구나."

삼촌은 섬의 제일 높은 곳에 놓아둔 로터 사이클 쪽으로 발길을 옮겼습니다.

"어떠니? 이 무인도에도 과학의 힘이 뻗쳐 있지. 이젠 바다를 가꾸고, 캐내고 해야 하는 시대가 된 거다. 너도 크거든 바다를 연구하는 과학자가 되거라."

삼촌은 로터 사이클에 올라타면서 이렇게 말하였습니다.

하늘에서 내려다본 다도해는 역시 한 폭의 그림처럼 아름답습니다.

"삼촌, 저쪽 바닷물은 뻘겋게 보이는데요?"

현일이가 손가락으로 가리키는 바다는 정말 뻘겋게 보였습니다.

"그게 보통 걱정이 아니란다."

"왜요?"

"죽어 가는 바다야."

"삼촌, 바다가 어떻게 죽어 가요?"

"바다도 살아 펄쩍펄쩍 뛰는 바다도 있고 시들시들 죽어 가는 바다가 있어. 네가 가리키는 바다는 시들 시들 죽어 가는 바다야."

현일이는 아무래도 삼촌의 말을 얼른 알아들을 수 없었습니다. 삼촌 얼굴만 바라봤습니다.

"저쪽이 아마 목포 앞바다일 거야."

"왜 바다가 죽어 가나요?"

"참으로 안타까운 일이지."

삼촌은 한숨을 쉬면서 설명을 하였습니다.

바다가 뻘겋게 되는 것을 적조라고 한답니다. 이 적조는 먼 바다에서도 일어날 수 있고, 깊숙히 들어간 바다나 바닷가에도 여름철에 많이 생긴다고 합니다.

"바다가 빨갛게(적조) 되는 것은 바닷물의 움직임이 심하지 않고 조용하고 깊숙한 바다에서 많이 일어나지. 남해안이나 서해안에 자주 일어나고 있어."

"바다가 저렇게 되면 어떻게 되나요?"

"물고기와 조개 종류가 많이 죽는단다."

"아! 이제야 알 것 같네요. 물고기들이 살 수 없는 바다니까 죽은 바다라 그 말이군요."

삼촌은 말없이 고개만 끄덕였습니다.

"고기들의 먹이가 되는 플랑크톤이 크게 번식하면 이렇게 바다의 색깔이 온통 토마토 쥬스를 뿌려 놓은 것같이 되지."

삼촌은 이야기를 계속했습니다.

1946년 미국의 플로리다 앞바다에서 생겼던 적조는 대단했다고 합니다.

물고기가 약 5천만 마리가 죽었고, 이 죽은 수많은 고기

떼들이 파도와 밀물에 밀려 바닷가에 쌓였답니다.

"이 죽은 물고기를 치우는 데 얼마나 걸렸는지 아니?"

현일이가 그것을 알 턱이 없지요. 고개만 흔들었습니다.

"두 달이 걸렸다는 거야."

"빨갛게 죽어 가는 바다를 파랗게 살아나게 할 수는 없어요?"

"약품을 써서 살리는 방법도 있기는 하지만 시일이 지나면 저절로 없어지지. 워낙 넓은 바다에서 일어나니까 꽤나 힘들지."

현일이는 빨갛게 죽어 가는 바다를 바라보면서 안타까워하였습니다.

로터 사이클은 어느새 신안 앞바다 해상도시에 도착했습니다.

우리 몸에 좋은 바다의 채소

바다의 채소

해조류(海藻類)에 대한 인식은 동양과 서양에서 큰 차이가 있다. 해조류를 우리나라와 일본에선 '바다의 채소'로 여기는데 반해, 서양에서는 '바다의 잡초(seaweed)'로 인식하고 있다. 해조류는 전 세계적으로 우리나라, 일본, 대만 등지에서 가장 많이 먹는다. 일본인이 해조류를 먹는 역사는 오래되어 석기시대부터 해조류를 어패류와 함께 음식 재료로 사용한 것으로 추정한다. 해조류 소비왕국인 일본이 세계 최고의 장수(長壽) 국가란 사실을 바탕으로, 최근 서양의학계가 해조류를 다시 보기 시작했다.

우리 몸 어디에 좋을까요 ?

알칼리 식품인 해조류에는 단백질, 당질, 비타민, 무기질 등이 많이 함유되어 있다. 즉 해조류는 피를 맑게 해주고 활성산소 생성을 억제하며, 식이섬유가 풍부하여 변비 예방에 좋다. 해조류에 함유되어 있는 철은 빈혈(貧血)을 예방한다. 고혈압, 동맥경화 등 각종 성인병(생활습관병)과 장암 등 각종 암 발생을 예방하는 데 도움이 된다.

해조류 맛의 근원은 글루탐산, 아스파라긴산, 알라닌, 글리신 등의 아미노산이다. 해조류 지질은 불포화지방산이며, 탄수화물의 대부분은 식이섬유로 정장 작용과 콜레스테롤 등의 배설 작용을 한다. 갈조류의 푸코이단(fucoidan)은 헤파린과 같이 항혈전 작용을 한다.

바다식물들은 바다에 어떤도움을 줄까?

해조류는 바다에 있어서 광합성 작용을 하는 생산자의 역할을 수행하기 때문에 바다에 용존산소량을 높여주는 특징을 가지고 있습니다. 또한 해조류 군락운 해양 생물들의 도피처 역할을 수행하여 안전한 환경과 휴식처로의 역할을 수행하며 다른 해양생물들의 먹이가 되는 먹이생물로써 중요한 역할을 하기 때문에 바다에 서식하는 모든 생물들의 생태계를 유지해주는 중추적인 도움을 주어 해양생태계가 유지될수 있는 중요한 도움을 줍니다.

바닷물 공장

현일이는 그 이튿날 삼촌을 따라 바닷물 공장을 구경갔습니다.

바닷물 공장이라니, 처음 듣는 말이지요? 쉽게 말하면 바닷물로 우리에게 필요한 물건을 만들어 내는 공장을 말합니다.

“바닷물을 마셔본 일이 있습니까?”

이렇게 물으면 뭍에 사는 어린이는 없다고 할 것입니다.

“바닷물 맛은 어떨까요?”

이렇게 물으면 별것을 다 묻는다고 할 터이지요.

바닷물을 맛보면 짠맛이 납니다. 바닷물에 소금기가 녹아 있기 때문이지요.

여름철에 해수욕을 해 본 사람이면 이것을 느낄 수 있을 것입니다. 바닷물에서 나와 몸이 마르면 몸에 소금이 붙어 있습니다.

이렇게 소금기가 바닷물에 녹아 있듯이 아주 많은 것들이 바다에는 녹아 있습니다. 금도 녹아 있습니다. 아주 귀한 다이아몬드도 녹아 있습니다. 그뿐이 아닙니다. 쇠도 녹아 있습니다. 아주 가벼운 쇠인 알루미늄, 원자력에 이용되는 우라늄, 망간, 니켈 등 참으로 많은 것들이 녹아 있습니다.

땅에서 이런 것들을 얻으려면 어떻게 하던가요? 땅 속을 파내려가야 되지요? 그런데 바다에서 이런 걸 얻으려면 그러지 않아도 됩니다.

설탕물이나 소금물을 끝까지 끓여 본 적이 있습니까? 없으면 설탕물이나 소금물을 실제로 끓여 보셔요.

끓이면 물은 다 수증기 (김)로 날아가 버리고 설탕이나 소금만 남습니다.

우리가 지금 음식에 넣어 먹고 있는 소금도 바닷물을 증발시켜 만든 것이지요.

“현일아, 육지가 더 클까, 바다가 더 클까?”

“바다가 더 큰 것 같은데요.”

“그렇지, 육지를 바다에 넣으면 육지는 바다에 묻히고 만단다.”

“와! 그렇게나 커요?”

“그럼.”

“바닷물이 마르면 굉장한 소금산이 되겠네요?”

“어라! 이놈이 아주 제법인데.”

삼촌이 놀라 눈을 둥그렇게 떴습니다.

“바닷물이 날아가면 소금만 남는다고 그러셨잖아요?”

“그랬지. 역시 현일이는 머리가 좋아. 아마 바닷물이 마르면 세계에서 제일 높은 에베레스트 산만한 소금산이 될지도 모르지.”

바다는 참으로 신비한 듯했습니다.

“소금이 많이 녹아 있는 바닷물이 있는 곳이 있어.”

“바다에도 소금이 더 녹아 있고, 덜 녹아 있는 곳이 있어요?”

"그럼, 아라비아 반도 어느 사막 지방에 가면 사해라는 바다가 있지. 그 바다는 특별히 다른 바다보다 소금이 많이 녹아 있지."

"그럼, 굉장히 짜겠네요?"

"짜고말고. 물고기가 살 수 없도록 짜단다."

"그럼, 죽은 바다이네요?"

"그래서 죽은 바다, 한문 글자로 사해(死海)라 하는 거지. 이 바다가 아주 재미있어."

"재미있다니오?"

"재미있고 말고지. 바닷물에 누워서 책을 볼 수 있으니까."

"예!"

현일이는 또 한 번 놀랐습니다. 이건 정말 믿어지지가 않았습니다.

"거짓말 같지? 소금이 많이 녹아 있는 물은 물체를 뜨게 하는 힘이 많지. 이 바닷물은 소금기가 많기 때문에 사람이 둥둥 뜨게 되지. 그래서 드러누워 책도 볼 수 있다는 거야."

"물에 누워서 책을 보면 신나겠는데요?"

현일이는 더욱 신기함을 느꼈습니다.

"자, 빨리 올라타자."

현일은 삼촌과 함께 날개가 달린 배에 탔습니다.

이 배는 배 밑에 조그마한 날개가 달렸습니다. 한 시간에 백 리 이상을 달릴 수 있는 굉장히 빠른 배입니다.

물 위를 달리면 배의 몸체는 물 위에 떠오르고 밑에 있는 날개만이 물 속에 남게 됩니다. 그래서 빠르게 물 위를 달릴 수 있습니다.

배를 타고 반 시간쯤 되어 어느 섬 바닷가에 다다랐습니다.

"여기가 바닷물 공장이야."

삼촌은 배에서 내리면서 말했습니다.

"소금도 만들어 내어요?"

"소금이야 이런 데서 만들 필요가 없지."

"그럼 무얼 만들어요?"

현일이는 공장의 굴뚝을 보면서 물었습니다. 공장 굴뚝에선 하얀 연기가 뭉게구름처럼 솟아오르고 있었습니다.

"금도 만들고, 우라늄도 만들고 하지."

삼촌의 말이 떨어지기가 바쁘게 안내하는 사람이 달려왔습니다.

"박사님, 어서 오십시오."

삼촌은 안내원을 따라 공장 안으로 들어갔습니다. 현일이도 따라 들어갔습니다.

"이곳은 금을 만들어 내는 곳이야."

삼촌은 현일이에게 설명을 해주었습니다. 바닷물에서 금을 얻는 방법을 연구한 건 도이칠란트의 과학자 프리츠 하버라는 사람입니다.

그때 도이칠란트는 제1차 세계 대전에 패배해서 나라가 아주 가난하게 되었습니다.

그는 조국 도이칠란트를 다시 일으키기 위해서 금을 구하기로 마음먹었습니다.

그래서 바닷물에 눈길을 돌린 것입니다.

과학자 하버는 바닷물을 많이 퍼올려 끓였습니다. 끓이고 남은 것을 골라 내어 금을 얻었다고 합니다.

그러나, 바닷물에서 금은 얻었지만 금을 얻기 위한 돈이 너무 들었습니다. 얻은 금은 1만 원어치인데 금을 얻는 데 든 돈이 3만 원이 된 꼴이었습니다.

그러니 바닷물에서 금을 얻는 일은 그만둘 수밖에 없었습니다.

배보다 배꼽이 큰 꼴이었지요.

"지금은 값싼 원자력 전력으로 물을 끓이기 때문에 값싸게 금을 얻을 수 있지. 금을 한번 보여 주시겠어요?"

삼촌은 바닷물에서 얻은 금을 보여 달라고 하였습니다. 안내원은 금을 진열한 창고로 안내했습니다.

"와!"

현일이의 입은 또 벌어졌습니다. 누런 금덩어리가 번쩍번쩍 빛났습니다.

"금을 많이 가진 나라는 부자 나라이지. 이 금은 우리 나라를 부자로 만들어 주는 거야."

삼촌은 흐뭇해하였습니다

다음으로 간 곳이 우라늄을 얻는 방이었습니다. 기계 돌아가는 소리가 귀를 크게 울렸습니다.

"바닷물에는 우라늄도 녹아 있습니다. 이 우라늄은 원자탄과 같이 전쟁 무기를 만드는 데 쓰입니다. 잠수함에도 원자력은 이용합니다. 원자력 발전소에 쓰입니다."

지금까지는 육지의 암석에 있는 우라늄을 캐내어 썼습니다. 그러나 이제는 바닷물에서 이렇게 우라늄을 얻고 있습니다. 여기에서 얻는 우라늄으로 원자력 발전소에 쓰고 있습니다. 우리 나라의 원자력 발전소는 동해안 일대에 열 군데나 되고 남해안에도 많습니다.

이렇게 우라늄을 값싸게 뽑아 내니 얼마나 좋습니까. 우라늄이 값싸면 전기값도 그만큼 싸집니다.

다음은 마그네슘을 뽑아 내는 곳으로 갔습니다.

"이 마그네슘은 비행기나 자동차의 부품을 만드는 데 쓰이지."

"여기서 나오는 마그네슘으로 우리 나라에서 비행기와 자동차를 만들어 내지. 지금 한국산 비행기와 자동차가 세계에서 인기를 끌고 있단다."

세계에서 제일이라면 즐겁지 않을 까닭이 없지요. 현일

이의 마음은 그저 흐뭇하기만 했습니다.

"여기서는 무엇을 뽑아 내지요?"

이곳은 다른 데보다 공장이 더 컸습니다.

"취소라는 거지."

"취소는 어떤 데 쓰이지요?"

"쓰이는 데가 많지. 사진 재료, 수술할 때 쓰는 마취제를 만드는 약품으로, 또 염료(물감) 등의 원료로 쓰이지."

"취소는 육지에는 조금밖에 없거든. 전부가 바닷물에 녹아 있다고 해도 지나친 말이 아니야. 아까 사해에 대한 이야기를 들었지?"

"예."

"그 사해에 취소가 아주 많이 녹아 있단 말이야. 쓸모없던 바다가 이제 빛을 보게 되었지."

"그럼 죽어 있는 바다가 아니네요?"

"그렇다고 할 수 있지."

현일이는 고개를 끄덕였습니다. 삼촌은 안내원을 따라 다음 곳으로 갔습니다.

"이곳은 뭐 하는 곳인 줄 아니?"

현일이가 알 수 없지요. 고개를 살래살래 흔들었습니다.

"새로운 금속이지. 티탄이라고 불러. 아주 가볍고 단단한 것이야."

"그럼, 비행기나 자동차 만드는 데 쓰면 더 좋겠네요?"

"이제 이 티탄을 쓰게 될 것이야."

삼촌은 계속해서 설명을 하였습니다. "아주 뜨거운 열에도 강하단 말이야. 강철도 섭씨 1천5백 도에서는 녹는데, 티탄은 이 온도에서도 끄떡 없거든. 그러니 웬만한 열에는 잘 녹지 않는 거야. 얼마나 강하냐?"

현일이의 입이 또 벌어졌습니다. 이렇게 강한 쇠도 있는가 싶었습니다.

"그뿐인 줄 아니?"

"또 있어요?"

"그럼. 강철의 수명은 35년 정도란다. 35년이 지나면 강철로 만든 기계는 녹이 슬어서 쓸모가 없게 되지. 그러나 티탄으로 만든 기계는 100년이 지나도 녹슬지 않지."

"녹슬지 않는 쇠라고 이름 붙이면 되겠네요?"

"그렇게 말해도 되지. 이 티탄은 우주 로켓 엔진, 원자로의 안벽 등에 쓰인단다."

"그럼, 우리 나라에서 쏘아 올리는 인공 위성의 로켓 엔진도 여기서 나오는 것으로 만들겠군요."

"그렇단다."

"우리 나라 기술로 안 되는 게 없네요."

"그럼. 우리 나라가 선진국 기술이 된 지 아주 오래 되었어. 세계 여러 나라들은 우리 나라에서 기술을 배워 가고 있단 말이야."

현일이는 정말 과학자가 되고 싶었습니다.

"이제 한 곳만 보면 마지막이야."

삼촌은 앞서서 그곳을 향해 걸어갔습니다.

"여긴 뭐하는 곳이어요?"

"먹는 물을 만드는 곳이지."

"여기엔 샘이 없어요?"

"여기 이 섬엔 사람이 마실 물이 없단다. 그래서 짠 바닷물에서 마실 물을 얻는 것이지."

사람들은 짠 바닷물을 마실 수는 없습니다. 짜지 않는 민물을 마셔야만 사람은 살아갈 수 있습니다. 또 음식은 며칠 굶어도 되지만 물을 마시지 않고는 못 삽니다. 물은 그만큼 사람에 있어 매우 중요합니다.

"물을 끓이면 김이 나지."

"예."

"이 바닷물을 끓여서 그 수증기(김)를 식히면 마실 수 있는 물이 되는 거야."

"그럼 짠맛이 전혀 없단 말이네요."

"그렇지."

"이건 도랑 치우고 가재 잡는 것과 같군요."

"그건 왜?"

"바닷물에서 마실 물도 얻고, 소금도 얻으니까요."

"그렇구나. 바닷물을 끓이면 소금이 남으니까."

삼촌이 현일이의 말에 씽긋이 웃었습니다.

바닷물에서 마실 물을 얻는 방법은 아주 오래 되었습니

다.

고기잡이배가 바다에서 물이 없을 때는 바닷물을 끓이는 방법을 씁니다. 인구가 늘어나고, 공장이 많이 생겨 물은 더욱 많이 쓰이게 되었습니다.

세계 여러 나라에서는 이것을 걱정하여 물 공장을 많이 세우고 있습니다.

우리나라에서도 무인도의 여러 곳에 물공장을 세웠습니다.

석유의 나라 쿠웨이트는 세계에서도 가장 많은 물을 바다에서 얻어내고 있습니다.

사막 지방에서는 물이 귀합니다. 사막 지방의 여러 나라들은 바닷물을 끌어들여 이같은 방법으로 민물을 만듭니다. 그러니 물공장이 다른 지방의 나라보다 훨씬 많습니다.

"삼면이 바다로 둘러싸인 우리 나라는 물 걱정은 안 해도 되지. 이 바다는 바로 우리 나라의 보배이고도 남음이 있어."

"바다가 없는 나라에선 굉장히 부러워하겠네요."

"그럼. 소련 같은 나라는 바다도 많지만 대부분 북극의 얼어붙은 바다거든. 그래서 바다를 차지하려고 남쪽으로 세력을 뻗친 적이 있었지."

정말 그런가 봅니다. 바다도 육지만큼 중요한 자리를 차지하고도 남을 것 같았습니다.

"어떠니? 바다가 매우 중요하다는 걸 알 수 있지?"

현일이는 고개를 끄덕였습니다.

“나라마다 자기 나라의 바다를 정해 놓았지. 옛날에는 12마일로 정해 놓았지만 요사이는 거의 200마일까지 자기네 바다로 만들어 버렸지.”

“왜 그랬어요?”

"그야, 넓은 바다를 차지할수록 많은 것을 얻을 수 있으니까. 그 많은 보배들을 눈뜨고 놓칠 수는 없잖아. 그래서 다투어 자기 나라의 바다를 정하게 된 거야."

이때 커다란 배가 한 척 육지를 향해 가까이 오고 있었습니다. 태극기가 펄럭이는 것을 보니 우리 나라 고기잡이배가 틀림없었습니다.

"삼촌, 저 배는 어디서 오는 거지요?

삼촌이 배를 보더니 대답하였습니다.

"아마, 먼 바다에서 오는 원양 어선인 것 같다. 우리 나라 원양 어선은 알래스카 앞 바다나, 남태평양의 사모아 바다, 아프리카의 대서양, 인도양에까지 고기 잡으러 간단다. 저 배는 남태평양의 사모아 바다에서 오는 것 같아."

"거기서는 어떤 물고기를 잡아요?"

"참치를 잡지."

"아, 참치 통조림을 먹어 보았어요. 그 참치가 사모아 바다에서 잡히는군요."

현일이는 참치 생각을 하니 침이 꿀꺽 넘어갔습니다.

"삼촌, 저 배는 무엇을 실었을까요?"

또 한 척의 커다란 배가 모습을 나타내어 육지로 들어오고 있었습니다.

"아마, 유조선인가 보다. 중동 지방에서 기름을 싣고 오는 모양이다.

기름을 가득 실은 배가 바다에 가라앉는 수가 있지. 이렇게 되면 그 부근의 바다는 온통 기름으로 뒤덮이는 거야."

"그렇게 되면 어떻게 되어요?"

"죽어가는 바다가 되지. 유조선의 기름은 바다를 오염시키는 큰 괴물로 변하는 거야. 물고기나 바닷말이 자랄 수가 없게 된단다."

삼촌은 현일이의 손목을 잡고 바다를 바라보았습니다.

"바다를 잘 이용하자면 바다를 항상 깨끗이 해야 되는 거야."

삼촌의 말에 현일이도 고개를 끄덕였습니다. 삼촌은 현일이의 손목을 잡고 물 공장을 나왔습니다.

날개 달린 배가 현일이와 삼촌을 기다리고 있었습니다.

배에 올라타자 날개 달린 배는 바닷물을 가르며 쏜살같이 달립니다. 배는 바닷바람도 갈랐습니다. 하늘에 떠 있는 흰구름이 섬처럼 보였습니다.

무서운 바다 괴물의 정체

상어는 바닷속 최강의 포식자이다. 전 세계에 250여 종의 상어가 분포하고 있으며, 이 중의 약 39종이 사람을 공격하는 것으로 알려져 있다.

전기뱀장어는 순간적으로 650~850볼트 정도의 전압을 만들어 그 쇼크로 말처럼 커다란 짐승도 기절 시킬 수 있다.

우리나라 연안 뿐 아니라 전 세계적으로 가장 흔하게 발견되는 보름달 물 해파리가 대규모로 번성하면 연안 어장에 피해를 줄 뿐 아니라 원자력 발전소 냉각수 취수구를 막아버리면서 발전기 가동을 중단 하게 만든다.

세상에서 가장큰 동물?
1909년 33.58M 크기의 암컷 흰긴수염고래가 사우스조지아에서 잡힌 기록이 있다. 이 고래의 무게는 측정되지 않았다. 하지만 1947년 남양에서 잡힌 27.6M의 암컷 고래는 187톤으로 기록되었다. 이것으로도 감이 잡히지 않는다면 가장 큰 공룡의 하나인 브라키오사우르스의 무게는 약 80톤 밖에(!) 안되는 것으로 추정된다는 점을 상기하자. 아니면 앞의 27.6M 흰긴수염고래의 혀가 4톤이 넘고 심장이 700Kg 정도 였다.

물고기들의 천국

바다 밑은 커다란 동물원입니다. 동물원하면 서울대공원이나 어린이 대공원에 있는 코끼리, 호랑이, 물개, 돌고래를 비롯한 여러 동물이 있는 곳을 생각할 것입니다. 그러나 바다 밑에도 신기한 동물들이 많지요. 물론 물고기들 뿐이지만 우리가 보지 못한 신기한 물고기들이 있습니다.

그 신기한 물고기들을 구경하여 봅시다. 어떻게 구경하느냐구요. 그거야 잠수정이란 걸 타고 가면 되지요.

잠수정은 지금부터 40년 전에 미국에서 만들어져 1만 미터의 바다 밑까지 들어가 그곳을 살펴보았지요.

잠수정이란 깊은 바닷속을 탈없이 들어갈 수 있는 특수한 배입니다. 바닷속으로 들어갈수록 압력이 세어져서 웬만한 배는 터지고 맙니다. 잠수정은 이러한 압력에 견딜 수 있도록 튼튼하게 만들어진 배입니다. 또 물의 압력에 견딜 수 있도록 만든 잠수복을 입어야 합니다. 마치 우주 비행사가 우주복을 입고 우주 비행을 하듯 바닷속으로 들어가려면 이 잠수복을 입어야 합니다.

바닷속은 참으로 신기합니다.

영수는 아저씨와 함께 잠수정을 타고 바닷속을 구경하기 시작했습니다.

"아저씨, 아주 깊은 바닷속부터 구경해요."

영수는 호기심 어린 눈빛으로 아저씨를 바라봤습니다. 아저씨는 씽긋 웃으면서 잠수정을 바닷속으로 들어가도록 조종하기 시작했습니다.

잠수정은 사방이 유리로 되어 있습니다. 사방을 마음대로 볼 수 있습니다.

바닷속은 정말 물고기들의 천국입니다. 온갖 물고기들이 한가롭게 헤엄쳐 다니고 있었습니다. 영수는 처음 보

는 물고기들에게서 눈을 뗄 줄 몰랐습니다. 물고기들의 모양도 가지가지였습니다.

잠수정은 자꾸자꾸 물 속으로 들어갔습니다.

"아저씨, 컴컴해지네요. 바닷속에도 해가 지는가 봐요. 저녁이 된 모양이지요."

아저씨는 영수를 보고 웃다가 핀잔을 주었습니다.

"바닷속에 뭔 해가 뜨고 지니? 그러면 해가 둘이나 되나

보지."

"그러면 왜 컴컴해지는 거여요?"

영수는 고개를 갸웃했습니다.

"글쎄, 한번 알아맞혀 보렴."

영수는 한참 생각했습니다.

"아저씨, 바다의 굴속으로 들어가는 거지요?"

영수는 마을 뒷산의 컴컴한 바위굴을 생각했습니다. 마을 뒷산 바위굴을 한참 들어가다가 컴컴하여 겁을 먹고 나온 일을 생각했습니다.

"그게 아니다. 지금 우리가 얼마나 바다 깊이 들어 왔는지 알아? 200미터 이상 깊이 들어온 거야."

"그런데 왜 컴컴해요?"

"햇빛이 뚫고 들어오지 못하기 때문이야. 위를 한 번 보렴. 햇빛이 보이지 않지."

영수는 아저씨 말에 고개를 끄덕였습니다. 정말 햇빛이 보이지 않았습니다.

"200미터 이상 바닷속으로 들어오면 햇빛이 없어 컴컴한 거야."

영수는 겁이 더럭 났습니다. 컴컴하여 무시무시한 바위동굴 생각이 났습니다. 영수는 저도 모르게 아저씨의 옷자락을 잡았습니다.

"이제 보니 아주 겁쟁이군."

아저씨는 자꾸자꾸 깊은 바닷속으로 잠수정을 조정하였습니다.

"아저씨, 괜찮아요?"

"뭐가?"

아저씨는 영수의 마음을 알면서도 짐짓 모른 체하였습니다.

"겁이 나요."

"괜찮아. 이 아저씨가 있잖아. 아저씨는 이런 바다 밑을 여러 번 들어왔었거든."

아저씨는 깊은 바닷속에 대해 연구하고 있었습니다. 그래서 이 잠수정으로 자주 바닷속으로 들어가곤 하였습니다. 영수는 아저씨를 믿을 수밖에 없었습니다.

바닷속은 아주 컴컴하였습니다. 그런데 이상한 일이 일어났습니다.

"아저씨, 저기 반딧불이 움직이네요."

영수는 시골 여름밤에 날아다니는 반딧불이 바닷속에도 있다고 생각했습니다.

"바다의 반딧불이지."

"바다에도 반딧불이 있어요?"

영수는 눈이 점점 휘둥그래졌습니다.

"빛을 내는 물고기들이야. 이렇게 컴컴하니까 스스로 빛

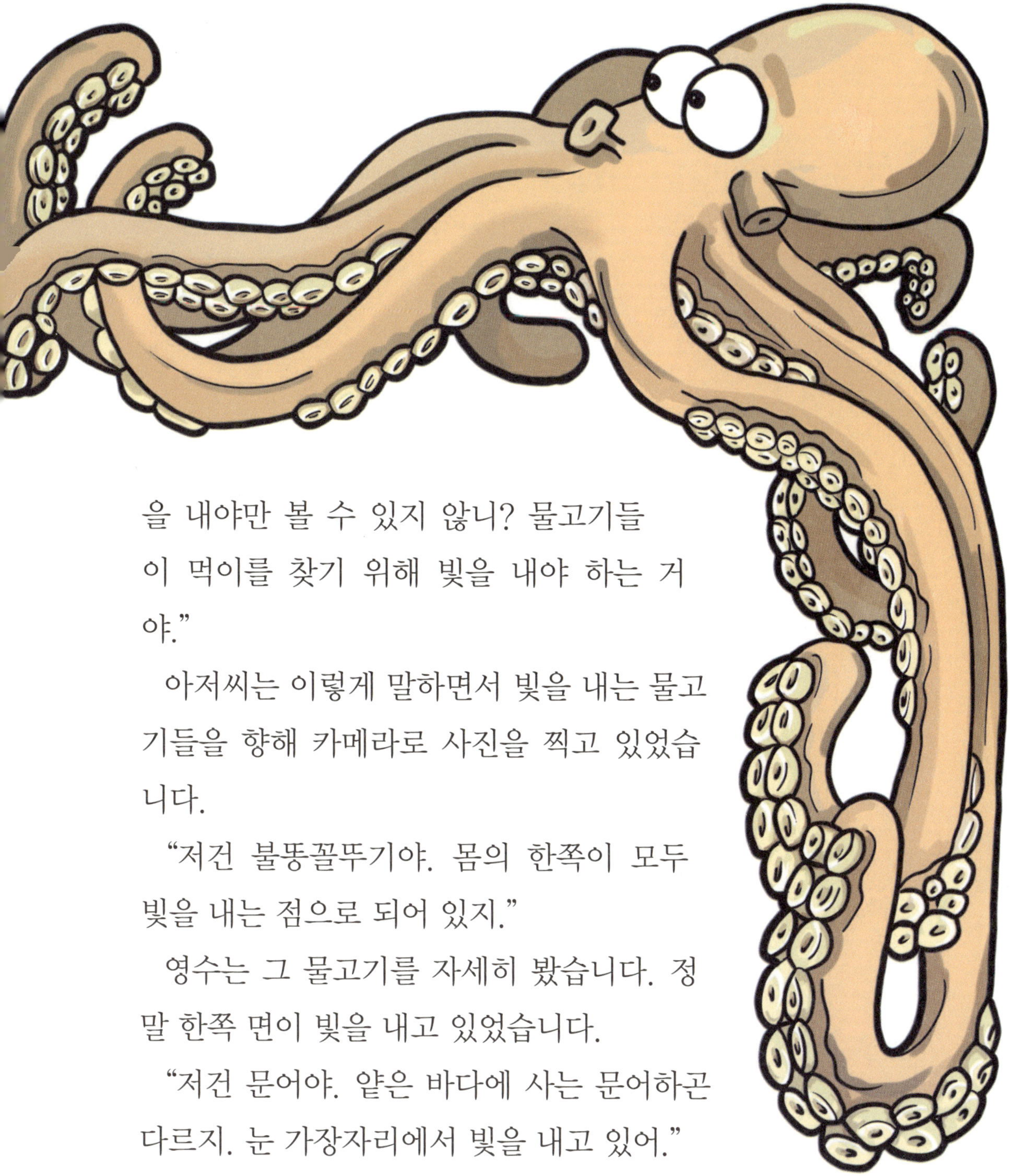

을 내야만 볼 수 있지 않니? 물고기들이 먹이를 찾기 위해 빛을 내야 하는 거야."

아저씨는 이렇게 말하면서 빛을 내는 물고기들을 향해 카메라로 사진을 찍고 있었습니다.

"저건 불똥꼴뚜기야. 몸의 한쪽이 모두 빛을 내는 점으로 되어 있지."

영수는 그 물고기를 자세히 봤습니다. 정말 한쪽 면이 빛을 내고 있었습니다.

"저건 문어야. 얕은 바다에 사는 문어하곤 다르지. 눈 가장자리에서 빛을 내고 있어."

아저씨가 가리키는 문어는 눈 가장자리에서

빛을 내고 있었습니다.

"저건 나정어리야. 배 밑 지느러미 부근에서 빛을 내고 있지."

카메라의 셔터 불빛에 나정어리의 모습이 뚜렷이 나타났다가 사라졌습니다.

"저건 돛줄멸이란 고기지. 자세히 봐. 어디에서 빛이 나는지."

영수는 아저씨가 가리키는 곳에 눈길을 돌렸습니다.

"등지느러미에서 나네요."

아저씨는 고개를 끄덕였습니다.

"저건 초롱아귀란 물고기인데 입 위에 뾰족이 나온 곳에서 빛을 내거든."

"아저씨, 코끼리 코 같은 데서 불빛이 나는데요."

"맞다. 여름에 불빛에 모여드는 벌레를 보았지?"

"예."

"저 물고기의 빛을 보고 모여드는 물고기가 있지."

"그러면 초롱아귀가 모여든 물고기를 잡아먹겠네요?"

영수의 입은 다물 줄 몰랐습니다.

"저건 도끼고기인데 마치 도끼날과 비슷한 곳에서 약

250개의 빛을 내고 있지."

"그 불빛으로 초롱아귀처럼 모여드는 고기를 잡아먹나요?"

"이 도끼고기는 이 불을 같은 종류의 도끼고기에게 신호하기 위한 것이지."

아저씨는 잠수정을 옆으로 조종하여 갔습니다.

"아저씨, 저 깜박깜박하는 물고기는 왜 그래요?"

"응, 그 물고기는 '포토블파론' 이라는 것인데 빛을 내는 곳에 주머니가 있거든. 그 주머니를 커튼처럼 닫았다 열었다 하여 빛을 깜박이는 거야. 마치 자동차 헤드라이트처럼 비치지."

영수는 불빛을 내는 물고기에게 정신이 팔렸습니다.

"이 포토블파론은 꾀가 대단히 많은 놈이거든. 몸길이가 6~7센티미터 정도밖에 안되니 큰 물고기에게 잡아먹히기가 일쑤거든. 그래서 위험한 때는 곧 불을 꺼버리고 멀리 도망간 후에야 다시 불을 켠단다. 또 똑바로 헤엄쳐 다니는 것이 아니라 늘 꼬불꼬불 산길을 가듯 움직이는 거야. 그래서 다른 물고기가 잡으려 해도 어느 방향으로 가고 있는지 알 수 없어 잡으려다 허탕을 치고 말지."

영수는 아저씨의 말을 듣고 점점 물고기들에 대한 호기심이 일었습니다.

"자, 다른 곳으로 가 볼까?"

아저씨는 잠수정을 옆으로 몰았습니다. 얼마를 갔는지 모릅니다.

"여기는 남아메리카의 에콰도르 앞바다야."

"아저씨, 저건 뭐여요?"

"응, 그거."

아저씨는 잠시 말을 끊었습니다. 영수는 답답하였습니다.

"전기 물고기야."

"전기 물고기라니오?"

"자기 몸에서 전기를 일으키는 물고기이지."

"그래요? 그럼, 그걸 잡아다 전기를 일으키도록 하면 좋겠네요."

아저씨는 영수의 말에 그저 빙긋 웃기만 하였습니다. 아저씨는 조금 있다가 설명을 하였습니다.

"전기 물고기에는 강한 전기를 일으키는 종류와 약한 전기를 일으키는 두 가지 무리가 있지. 센 전기를 일으키는 물고기 중에는 500볼트 이상의 강한 전기를 가진 것도 있지."

"그럼 사람의 몸이 닿으면 죽겠네요."

"그럴 수도 있지."

"겁나는 고기도 많으네요."

"그럼. 이렇게 센 전기를 내는 물고기들은 제 몸을 보호하거나 먹이를 잡는 수단으로 쓰고 있는 거야."

"큰 고기들이 달려들지 못하게 하는 거군요."

"그렇지, 제 몸을 방어하는 수단으로 쓰고 있는 거야."

"그럼, 약한 전기를 일으키는 물고기들은요?"

"약한 전기를 내쏘면서, 먹이나 방해하는 물건이 근처에 있는 것을 알아차리지."

"그러니까 도망가려고 그러는 거지요?"

아저씨는 고개를 끄덕였습니다.

"참으로 신기하네요."

"그럼, 바닷속은 이렇게 요지경 속이란다. 전기를 내는 물고기들로는 전기가오리, 전기뱀장어, 전기메기도 있지."

"그놈들을 잡아다가 집에 가서 전기를 켜면 좋겠어요."

"전기불을 켤 수야 없지."

"왜요?"

"전기로 끌어들이기가 어렵거든."

아저씨는 계속 설명을 하였습니다. 남북대서양과 파나마 지방의 태평양에 있는 물고기에 대해 설명을 하였습니다.

별보기 물고기라고 하는 물고기가 여기에 살고 있다고

합니다. 괴상한 모습을 하고 있는 이 물고기는 눈은 머리 부분의 등쪽에 있어서 언제나 머리의 윗부분만을 똑바로 볼 수 있게 되어 있습니다. 그래서 별보기 물고기라 합니다.

두 눈만을 빠끔히 모래 위로 내놓고 나머지 몸은 모래 속에 감춥니다. 눈동자의 까만 두 점만이 밖으로 나타날 뿐, 몸은 전혀 볼 수 없습니다. 이러고 있다가 얼빠진 작

은 물고기가 머리 위로 지나가면 커다란 입을 갑자기 벌려 꿀꺽 삼켜 버립니다.

또 별보기 물고기를 귀찮게 굴면 단 한번 전기를 내쏘든가 아니면 계속하여 전기를 일으킵니다. 이때 계속 전기를 내쏘아 먹이를 잡기도 합니다.

영수는 아저씨의 설명을 들으면서 그저 감탄할 뿐이었습니다.

"전기 물고기는 깊은 바다에 있는 것도 있고, 얕은 바다에 있는 것도 있지."

"아저씨, 그럼 얕은 바다의 전기물고기 구경을 가요."

"그러자꾸나."

"그런데 아저씨, 여기가 얼마나 깊어요?"

"매우 깊지. 한라선 높이보다 더 깊고 깊은 바닷속이지."

"깊이가 어떻게 되나요?"

"2,500미터나 되지. 땅 위에서 한라산 높이보다 더 깊어."

"야!"

영수는 또 한 번 입을 벌려 다물 줄 몰랐습니다. 이렇게 깊은 바닷속에 들어온 게 거짓말같이 느껴졌습니다.

"여기에서 솟는 물은 섭씨 350도나 되지. 펄펄 끓는 물의 3배가 넘지. 압력이 높으면 물의 온도가 이렇게 높아진단다. 여길 일컬어 바다 밑 온천이라고 한단다."

참으로 놀랍고 신비한 일입니다. 10센티미터쯤 되는 지렁이 비슷한 동물과 60센티미터를 넘는 커다란 조개, 게, 말미잘, 그리고 많은 박테리아가 살고 있다고 했습니다.

길다란 관 속에 들어가 사는 지렁이 닮은 어떤 동물은 길이가 2.5미터나 되어 보였습니다.

"자, 시간이 너무 지났구나. 이제 올라가 보자."

아저씨는 잠수정을 조정하여 바다 위를 향해 올라가기 시작하였습니다. 얼마나 올라왔는지 모릅니다. 컴컴하던 바다가 조금씩 훤해지기 시작하였습니다. 물고기들의 헤엄치는 모습이 뚜렷이 나타나기 시작했습니다.

“저 물고기 이름을 아니?”

영수는 아저씨의 말에 고개를 내저었습니다.

“저건 사람을 잡아먹는 상어야.”

“예?”

영수는 깜짝 놀라 눈을 둥그렇게 떴습니다. 사람을 잡아먹는 물고기라니 놀랄 수밖에 없지요. 사람을 잡아먹는 상어 종류로는 백상아리, 마코상어, 귀상어, 지옥상어, 레몬상어, 청상어, 화이트팁상어 등이 있다고 했습니다.

영수는 아저씨에게 바짝 달라붙었습니다.

"염려 마. 여긴 잠수정 안이니까."

아저씨는 영수의 등을 두드리며 안심을 시켰습니다. 그리고 아저씨는 이야기를 하였습니다.

"지금부터 50여 년 전, 1942년의 일이었지. '노바스코티아' 호라는 미국의 수송선이 많은 사람을 싣고 남아프리카 바다를 항해하고 있었지. 그때 '노바스코티아' 호는 갑자기 도이칠란트 군의 어뢰 공격을 받고 그만 배가 가라앉게 되었어."

"그래서요?"

"배에 탔던 사람들은 너무나 급작스러운 일에 물로 뛰어들었지."

"그래서요?"

"뭐가 그래서요냐. 사람을 잡아먹는 상어 떼가 그 바다에 우글거리고 있었지."

"아이구."

영수는 아저씨가 무슨 말을 하려는지 짐작하고 혀를 내

둘렀습니다.

"상어들은 바다에 뛰어든 사람들을 닥치는 대로 물었지. 온 바다가 피바다로 변했고, 피 냄새에 상어들은 더욱 난폭하게 날뛰었지. 많은 사람들이 상어에게 물려 죽었던 거야."

영수는 더욱 몸서리쳤습니다. 정말 무서운 고기라고 느꼈습니다.

이 상어는 알을 낳지 않고 6~60마리의 새끼를 낳는다고 합니다. 그리고 새끼는 태어나자마나 헤엄을 칠 수가 있다고 합니다.

상어는 눈이 매우 나쁩니다. 그러나 냄새는 아주 잘 맡는다고 합니다. 그래서 상어들은 피 냄새를 멀리서 맡고 달려듭니다. 상어는 식욕이 강하여 무엇이나 삼킵니다. 피 냄새를 맡고 난폭해진 상어들은 저희들끼리 물어뜯는 수도 있다고 합니다.

"바다에서 상어를 피할 수 있는 방법은 없나요?"

"글쎄, 사람들은 여러 가지 방법을 생각하지만 어느 것 하나 좋은 방법은 알아낼 수 없나 봐. 상어가 들끓는 바다에서 수영을 하지 않는 것이 제일 좋은 방법이지."

잠수정은 어느새 얕은 바다 가까이로 올라가고 있는 듯했습니다. 고래들의 모습이 보였습니다.

"야, 굉장히 크네요?"

영수는 동물원에서 돌고래 구경을 한 것이 고작이었습니다. 그런데 큰 배만한 고래가 헤엄쳐 다니고 있었습니다.

"삼촌, 저 물고기는 배를 채우자면 굉장히 많은 물고기를 먹어야 하지요?"

"아니야 고래는 물고기가 아니라 동물이야."

"예?"

"물에서 산다고 다 물고기인 줄 알면 큰일이야. 젖을 먹이는 젖먹이 동물이지."

"발이 없는데 어떻게 동물이에요?"

"물에서 사니까 발이 필요없게 되었지. 그 발이 지느러미 모습으로 변해 버린 거야. 헤엄을 잘 칠 수 있게."

영수는 고래가 젖먹이 동물이라는 데는 고개가 얼른 끄덕여지지가 않았습니다.

"또 신기한 것이 있지."

"그게 뭔데요?"

"소리를 알아내는 능력이 뛰어나지."

"조그마한 소리도 들을 수 있어요?"

"그럼. 고래는 눈이 나쁘지. 그러나 소리만은 기막히게 잘 알아듣거든. 물 속에서 재빠르게 달리는 길이 10센티미터 정도의 작은 물고기 하나도 놓치지 않고 잡아먹을 수 있단다. 고기가 지나가는 소리를 듣고 그 방향으로 달려드는 거지. 이렇게 작은 소리를 듣는다 하여 바닷 속의 초음파 탐지기라고 한단다. 땅 위에 있는 박쥐나 올빼미도 이런 예민한 귀를 가졌지."

그 이야기를 듣고 영수는 그런 능력을 갖고 싶었습니다.

"삼촌, 사람도 그런 능력을 가졌으면 좋겠네요."

"그러면 시끄러워서 못 살아. 웬만한 소리는 못 들어야지."

"그래도 그랬으면 싶네요."

"그렇게 되면 시끄러운 소리에 너는 미치고 말 거야."

영수는 삼촌의 말에 더 대꾸를 하지 않았습니다.

잠수정은 어느새 바다 위로 떠올랐습니다.

"야! 거북이다."

영수는 밝은 세상에 나온 것도 기뻤지만 바닷가에 거북이가 엉금엉금 기어가는 것이 더 신기했습니다.

토끼와 거북이의 이야기가 생각났습니다. 그렇게 생각해 보니 거북이가 친한 친구처럼 느껴졌습니다.

"여기는 열대 지방이야. 일년 내내 더운 곳이지."

삼촌은 바닷가의 야자나무를 바라보면서 씽긋 웃었습니다.

"삼촌, 목욕을 하고 싶네요."

"그러다가 상어 밥이 되면 어떻게 하려고."

삼촌이 은근히 겁을 주었습니다. 영수는 삼촌의 말에 겁이 났습니다.

"아저씨는 제가 상어 밥이 되는 게 좋아요?"

아저씨는 또 씽긋 웃기만 하였습니다.

"아저씨."

영수는 아저씨의 소매를 끌고 졸랐습니다.

"영수가 상어 밥이 되어서야 되나. 그러지 말고 저 거북이나 잘 살펴봐."

아저씨가 가리키는 곳엔 정말 거북이들이 많았습니다.

"저 거북은 장수거북이라 하는데, 10년쯤 자라면 몸무게가 230킬로그램이나 되지. 네 몸무게의 8배나 되는 거야."

"와! 그렇게도 굵어요?"

"그럼. 이 잠수정 안에서 보니까 그렇지 그 옆에 가서 보면 어마어마하게 크다는 걸 알거야."

영수는 고개만 끄덕였습니다.

"저렇게 큰 거북은 무시무시하게 큰 상어조차 달려들 수 없지."

"사람을 잡아먹는 상어인데도요?"

"그럼. 거북의 등 껍질은 상어의 날카로운 이빨도 당할 수 없지."

아저씨는 설명을 계속하였습니다. 장수거북은 느릿 느릿 헤엄을 칩니다. 그리고 따뜻하고 얕은 바다에서 살기를 좋아합니다.

장수거북이가 땅 위로 슬금슬금 올라올 때가 있습니다. 이때는 알을 낳으려고 뭍으로 오르는 것입니다. 이때 암커북은 캄캄한 밤을 기다려 바닷가 모래밭으로 기어오릅니다. 높은 언덕의 모래밭을 골라 지느러미 발로 모래 구멍을 파기 시작합니다. 그리고는 그 구멍에 뱃속의 알을 낳습니다.

이때 한 마리의 암커북은 100개 정도의 알을 낳습니다. 암커북은 알을 낳는 동안 누가 옆에 가도 알을 낳는다고 합니다. 아마도 알을 낳는 일이 자기 목숨보다 더 중요한 일이라고 생각하는지도 모릅니다.

장수거북이가 모래 속에 알을 낳는 것은 알이 햇볕을 받아 빨리 깨어나도록 하기 위한 것이라 합니다.

"아저씨, 저 거북이 알을 가져다가 우리 집 방 아랫목에 놓아 두면 깨이겠네요."

"그렇지만 저대로 놓아 두어야지. 너를 누가 잡아갔다면 네 엄마가 좋아하겠니?"

영수의 입이 쭉 붙고 말았습니다. 귀엽다는 생각에서 그렇게 말했지만 아저씨의 말에 얼굴이 붉어졌습니다. 목숨을 가볍게 여긴 것이 부끄러웠습니다.

아저씨는 계속 거북이에 대한 설명을 하였습니다.

장수거북은 알을 다 낳은 다음, 구멍을 모래로 덮고 어슬렁어슬렁 바다로 돌아간다고 합니다

모래 속의 장수거북이의 알은 햇볕을 받아 깨이겠지요.

"그런데 저 장수거북이는 3~7번 같은 장소에서 알을 낳는단다."

아저씨는 잠수정을 육지 가까이에 닿게 하려고 했습니다. 그러면서 장수거북이는 2~3년이 지나면 다시 같은

곳에 와 알을 낳는다고 설명하였습니다.

"장수거북이의 고향이 거기인가 보지요?"

"글쎄."

"에이, 아저씨는 꼭 말이 막히면 글쎄라고 하시네요."

"글쎄."

"삼촌, 참 재미없다."

"그럼, 지금까지는 재미가 없었다는 거냐?"

영수는 그만 히히 웃었습니다.

"너 그러면 다시는 바닷속 구경을 시켜 주지 않을테야."

삼촌은 영수를 향하여 눈을 흘겼습니다.

"그게 아니고요."

"그게 아니라니?"

삼촌은 넌지시 영수의 마음을 떠봤습니다.

"다음에도 구경시켜 주셔야지요."

삼촌은 영수의 말에 그만 너털웃음을 웃었습니다.

그건 다음에도 구경시켜 주겠다는 약속의 웃음인지도 모릅니다.

에너지가 가득한 바다

해양광물자원

우리 나라 근해의 도서에는 티탄철광과 사철광의 형성 가능성이 높다. 그리고 연안해안에는 사금과 중석이 많은 것으로 추정되고 있으며, 표사광물인 저어콘 모나자이트와 모래 자갈 등 골재자원은 일부 채광되고 있다. 또한 지질학적 특성으로 보아 대륙붕에는 석유 천연가스의 부존가능성도 매우 큰 것으로 기대되고 있다.

해양에너지자원

바닷물은 끊임없이 움직이면서 이동할 뿐만 아니라 태양열의 대부분을 흡수, 저장하는 능력을 가지고 있으며 대기와의 상호작용으로 바람과 해류와 파랑을 일으킨다. 이러한 바다의 특성은 곧 막대한 양의 에너지자원을 형성하게 된다.해양에너지는 그 잠재력이 엄청나게 크고 태양계가 존속하는 한 고갈염려가 없는 순환에너지(renewable energy)이며, 오염을 수반하지 않는 무공해에너지(clean energy)라는 점에서 가장 이상적인 미래의 에너지자원으로 주목되고 있다.

해양공간자원

해양공간이 자원의 개념으로 등장하면서 해양개발의 국면은 한 차원 높은 단계로 발전되고 있다고 할 수 있다. 즉, 인공섬이나 해양구조물 등의 건설을 통하여 광활한 해양공간을 활용하여 단순한 물질자원의 개발차원을 넘어 입체적이고 종합적인 해양개발의 개념이 정립되고 있다.

뿐만 아니라, 미래형의 각종 산업시설과 주거공간을 해상에 건설하여 비좁고 공해에 찌들고 있는 육상공간의 문제를 풀어가고 있는 것이다. 일본이 나가사키(長崎)에 해상비행장(198만㎢)을 건설하여 소음과 공해의 문제를 해소한 것이라든가 고베(神戸)에 포트 아일랜드(436㎢)를 건설, 도시공간을 바다로 확장한 것은 이러한 해양공간 이용의 좋은 본보기이다.

해양생물자원

바다는 유기물 생산능력이 육상보다 훨씬 클 뿐만 아니라 지구상에 있는 전생물의 80%가 바다에 살고 있으며, 어류의 생산량만으로도 수백 억의 인구를 부양할 수 있는 잠재력을 지니고 있다. 전 세계의 수산물 생산량은 1986년 말 현재 9146만t으로 이는 제2차세계대전 직후인 1948년의 생산량 1960만t에 비하여 무려 5배 가까이 늘어난 양이다.

바다의 얼굴

잔잔한 바다 위를 보노라면 아주 평화스런 느낌이 듭니다.

그런데 바다 밑은 어떤 느낌이 들까요.

잠수정을 타고 바다 밑을 다녀온 영수의 이야기를 들어볼까요.

바다밑도 땅 위의 모습과 같다고 영수는 말하고 있어요. 정말 그럴까요? 영수는 믿지 않는 아이들을 보고 이렇게 말했어요.

"물이 말라버린 저수지를 보았겠지. 그때 저수지 안의 모습이 어떠했어? 높은 곳도 있고, 낮은 곳도 있고 울퉁불퉁한 곳, 평평한 곳들이 있잖아. 곰보 얼굴같이 말이야."

아이들은 커다란 바다도 저수지와 같다는 영수의 말에 고개를 끄덕였습니다.

그렇습니다. 바다도 하나의 커다란 저수지라고 보면 되지요. 그러나 정말 바다 밑의 모습을 자세히 아는 사람이 있을까요? 아직은 아무도 없습니다.

바다는 지구 껍질(땅)의 70퍼센트에 이르고 있습니다.

이 많은 양의 바닷물이 저수지 물처럼 마를 수가 있을까요? 이건 아주 어려운 일일 뿐더러 절대로 그런 일이 일어날 수 없습니다.

그뿐입니까?

아주 깊은 바다는 우리 나라 백두산이 세 개나 들어가도 모자랄 정도로 깊습니다. 그러니 바다 밑의 모습을 안다는 것은 여간 어려운 일이 아니지요.

'바다 밑의 모습에 대해서는 달 표면보다 더 모르고 있다.'

과학자들은 이렇게 말하고 있습니다. 사람들은 달에는 갔지만, 깊은 바다 밑에는 아직 가보지 못했기 때문입니다.

그저 바다 밑의 바닥은 끝없이 퍼져 있고 평평하다고 상상했습니다. 요사이 바다 밑 탐험으로 바다 밑은 깊고 얕은 곳이 있다는 것을 알았습니다. 그리고 생각보다 훨씬 울퉁불퉁하고 주름이 잡혀 있음을 알게 되었습니다.

바다 밑도 땅 위와 다를 바가 없다는 것입니다. 우뚝 솟은 산이 있는가 하면, 깊은 골짜기,

우뚝 솟은 화산과 험한 벼랑 따위도 있습니다.

영수는 아저씨에게 들은 것을 친구들에게 이야기하면서 마치 제가 유명한 해양학자(바다를 연구하는 학자)라도 된 양 우쭐거렸습니다.

"바다에도 화산이 있더라."

"뭐라고? 물 속에 어떻게 화산이 있어. 불이 솟아오르지 못하고 꺼질 텐데."

아이들은 영수의 말에 고개를 갸웃거리기만 했습니다.

"워낙 솟아오르는 불길이 뜨겁기 때문에 꺼지지 않는 거야.”

“아니야.”

“내가 봤는데도.”

“아니야.”

아이들은 우겼습니다. 영수는 은근히 화가 났습니다.

“우리 아저씨한테 물어 봐. 거짓말인지 아닌지.”

마침 그때 영수 아저씨가 다가오고 있었습니다.

“아저씨, 바닷속에도 불이 솟는 화산이 있지요?”

영수는 구원병을 만난 듯 아저씨를 반겼습니다. 아저씨는 화산 때문에 티격태격 다투고 있다는 걸 눈치 챘습니다.

“그럼. 땅 위의 화산보다 더 큰 화산도 있지.”

그제서야 아이들의 입이 다물어졌습니다. 영수는 ‘그것 봐. 내 말이 맞지’ 하고 배를 쓰윽 내밀었습니다.

아이들은 영수가 아저씨를 따라 바닷속을 구경한 걸 은근히 부러워하였습니다.

“화산만 있는 줄 알아. 아주 넓다란 평야도 있는 걸.”

“물 속에 무슨 평야가 있다는 거야.”

아이들은 또 우기기 시작했습니다.

"산이 있으면 골짜기가 있고, 들이 있듯이 바다도 그런 거야. 그런 곳은 마치 스케이트장처럼 평평하다고 할 수 있지. 미국의 동해안 앞바다 밑의 평야는 굉장히

넓은 거야."

아이들은 굉장히 넓다라는 말에 얼마만큼 넓은지를 얼른 알아차릴 수가 없었습니다. 아저씨는 그런 아이들의 모습을 보고 다시 말을 이었습니다.

"우리 나라 몇 개를 늘어놓아도 모자라는 넓이지."

"와!"

아이들은 입을 벌리며 놀라는 시늉을 했습니다.

그때서야 바다 밑의 평야가 얼마나 넓은가를 조금 아는 듯했습니다.

"화산이 솟아올라 된 섬이 있다고 했어."

영수는 아저씨의 얼굴을 힐끔 보며 말했습니다.

"그럼 화산섬이겠네."

"그야 말하면 뭣해."

"뜨거워서 어떻게 살지?"

"화산섬에 가면 단번에 튀김이 되겠네."

"통닭구이처럼 되겠지."

아이들은 저마다 낄낄거리며 차츰 영수의 말에 끌려들어가고 있었습니다. 처음엔 영수의 말을 믿지 않았습니다. 그러다가 아저씨도 그렇다니 믿을 수밖에 없었습니다. 그리고 거짓말 같던 이야기들이 차츰 재미가 있었습니다.

"바닷속에도 지진이 일어난다."

영수는 이제 제 의견처럼 말했습니다.

"그럼, 바다속에도 무서운 지진이 일어나지."

아저씨는 영수의 말에 들러리를 서 주곤 저쪽으로 갔습니다.

"그럼 바닷속의 땅도 갈라지겠네."

그 말에 영수는 얼른 대답을 못했습니다. 아저씨에게 그걸 물었어야 했는데 하고 생각했습니다. 그렇지만 우물쭈물하고 있을 수는 없었습니다.

"지진이 일어나면 땅이 갈라지는 것쯤은 알아야지."

영수는 큰 마음먹고 대답을 했습니다.

"그래서 바다 밑은 자꾸 움직인다고 우리 아저씨가 말씀하시더라."

"바다 밑이 움직여?"

아이들의 눈이 휘둥그래졌습니다.

"바다 밑이 움직이면 땅도 움직이겠네."

"얘, 가만히 있어 봐. 어쩌면 지금 땅이 움직이고 있는 것 같은데."

싱거운 아이 하나가 땅에 귀를 대고 땅이 움직이는 시늉을 해 보였습니다.

"그렇게 표나게 움직이면 어떻게 살 수 있어. 우리도 모르게 아주 천천히 느리게 움직인다는 것이지."

아이들의 마음은 영수의 이야기에 이끌려 바닷속으로 들어가고 있었습니다. 그러나 바다 밑이 움직인다는 건

아무래도 못 믿겠다는 눈치들이었습니다. 그러나 아이들은 화산이 폭발하고 지진이 일어나게 되면, 바다 밑의 모습이 조금 바뀔 수 있다는 생각을 하게 되었습니다.

"바닷물도 움직이며 흐르지."

영수 아저씨가 어느새 아이들 옆에 와서 끼어들었습니다.

"바닷물이 흐른다고요?"

영수가 눈이 휘둥그래졌습니다. 아저씨를 쳐다보고 물었습니다.

"바다에 대해서는 환히 아는 듯하더니 모르는 게 있었군."

아이들도 영수를 바라봤습니다. 영수는 아저씨의 핀잔에 머리를 긁적이며 얼굴을 붉혔습니다.

"다 알면 큰일나게. 머리가 터지는 거야. 조그만 놈이 조금만 알아야지 어른처럼 알면 쓰나."

아저씨는 영수의 머리를 쓰다듬으며 말을 이었습니다. 아이들은 아저씨의 말에 귀를 기울였습니다.

'바닷물이 흐르다니.'

아이들은 의문에 쌓였습니다. 여름 방학 때 가본 해수욕

장의 바닷물은 움직이는 듯이 보이지 않았습니다. 잔잔히 고여 있는 커다란 호수처럼 보였습니다. 바람이 불면 커다란 파도가 일고 있다는 생각밖에 들지 않았습니다.

바닷물은 언제나 어디서든 움직이고 있습니다. 이 움직임은 밀물이나 썰물과 같은 흐름도 아닙니다.

바다가 쉴 새 없이 움직이고 있지만 바다의 흐름을 눈으로 볼 수 없다고 합니다. 바다 기슭에서 좀 떨어져있는 섬에 곧바로 헤엄쳐 갈 수 있을 것 같지만, 바닷 속을 흐르는 복잡한 해류 때문에 그렇게 되지 않습니다.

그러면 바다의 흐름이 눈에 보이지 않는 까닭은 무엇일까요?

파도는 쉴 새 없이 육지를 향해 밀려오는 것 같지만 곧

바로 물러납니다. 말하자면 밀려왔다가 밀려가고 하는 것을 계속하는 것뿐입니다. 이 파도 때문에 바다의 흐름이 가려져 보이지 않는 것입니다.

강물처럼 흐르는 바닷물도 볼 수 있다고 합니다. 보기를 들면, 우리나라 강화도와 육지 사이를 흐르는 바닷물은 그 흐름이 빨라 보통 때에도 분명히 볼 수 있습니다.

이순신 장군이 임진왜란 때 울돌목에서 왜적을 크게 무

찌른 것도 이 바다의 빠른 흐름을 이용했던 까닭입니다.

특히 얼음이 녹을 해빙기가 되면, 바닷물에 떠서 대이동을 하는 얼음 덩어리가 곧 바다의 흐름을 나타내는 것의 하나라 합니다.

북쪽 지방에서 흘러오는 찬 바닷물을 한류라 합니다.

남쪽 따뜻한 바닷물의 흐름을 난류라고 합니다.

바닷물의 흐름을 해류라 하는데, 해류의 종류는 크게 30여 개가 넘습니다.

아저씨는 그 대표적인 바다의 흐름에 대해서 설명을 덧붙였습니다.

일본 부근을 흐르는 바닷물을 쿠로시오 해류라 합니다. 이 쿠로시오의 흐름은 아마존 강의 300배에서 600배에 이르는 굉장한 흐름이라 합니다.

아마존 강 하구의 폭이 서울에서 대전 사이의 거리만큼 된다고 합니다. 그 300배에서 600배라니 참으로 놀라운 일이지요.

이렇게 큰 바닷물의 흐름이 일본 부근 바다를 흐르고 있습니다. 이 따뜻한 해류는 석유를 70톤이나 태워서 얻는 열 에너지를 가지고 있다 합니다. 그러나 이 열 에너지가 너무나 넓게 퍼져 있기 때문에 우리 생활에 쓸 수가 없는 것이 그저 안타깝다고 했습니다.

일본에서는 옛날부터 쿠로시오 해류를 자연 에너지로 편리하게 사용하였다고 합니다. 해류가 흐르는 방향으로 배를 띄우면 힘 안들이고 갈 수 있었습니다.

또 멕시코 만류도 아주 크게 흐르고 있습니다. 이 따뜻한 물의 흐름에 따라 많은 물고기들이 모여든다고 합니다. 이 해류가 흐르는 부근은 고기잡이 어장으로 유명합니다.

쿠로시오 해류나 멕시코 만류 같은 아주 큰 해류는 왜 일어날까요?

그 본디 힘은 한 곳에 있는 것이 아닙니다. 달과 태양으로 인한 조류(밀물과 썰물)의 흐름은 하루 두 번 씩 있으나, 바다의 흐름은 거의 변화가 없습니다.

만약 지구를 에워싸고 있는 바다의 해류를 잠시 멈추게 하면 어떻게 될까요?

아마 지구 위엔 커다란 변화가 일어날 것입니다. 우선 기후가 달라질 것입니다. 그렇게 되면 우리가 살아가는데 큰 불편을 겪게 됩니다. 북극, 남극 지방은 더욱 추워지고, 열대 지방은 더욱 더워질지도 모릅니다. 정말 바다의 흐름은 신비스러운 것입니다.

아이들의 눈망울은 초롱초롱하게 빛나고 있었습니다.

"나도 크면 그런 바다를 연구해 보아야지."

아이들의 꿈은 바다를 향해 달리고 있었습니다.

"얘들아, 바다가 성을 내는 걸 아니?"

아저씨는 느닷없이 아이들에게 물었습니다. 아이들은 어리둥절해서 눈이 둥그래졌습니다.

"바다가 어떻게 성을 내요?"

아이들은 일제히 물었습니다.

"바다 밑에도 얼굴이 있듯이 바다 위에도 바다의 얼굴이 있는 거야."

아이들은 그래도 믿어지지 않는 모양입니다.

아저씨는 다시 설명을 이어나갔습니다.

"지구 위에 사람이 살고부터 사람들은 배를 타고 바다로 나갔지. 가끔 큰 파도에 휩쓸려 생명을 잃기도 하고."

"알았다 알았어. 바다가 성내는 건 큰 파도가 치는 것을 말하는 거야. 아저씨, 그렇죠?"

영수는 아저씨의 말을 가로막고 말했습니다. 아저씨는

고개를 끄덕였습니다. 그제서야 아이들도 알아듣는 듯했습니다.

"태풍이 휘몰아치는 것도 바다가 성을 내는 거네요."

"태풍 경보, 폭풍 주의보 등은 바다가 성을 낸다는 걸 알려 주는 거군요."

아이들은 저마다 한 마디씩 거들었습니다.

"그러면, 기상대는 바다 얼굴을 살피는 점쟁이네요."

"야! 기상대는 바다 점쟁이고, 하늘의 점쟁이도 되겠네."

아저씨는 아이들의 말에 고개를 끄덕였습니다.

"우리들이 잘 알고 있는 파도는 바람에 의해 일어난단다."

"그럼, 바람의 힘이 굉장하네요."

영수가 또 말참견을 했습니다.

"그렇지. 지난 여름 태풍이 불어왔던 걸 기억하지?"

아저씨는 아이들을 향해 물었습니다.

"예."

"그때 바다에 가면 어떻게 되는 줄 알아. 파도가 산더미같이 쳐들어와 방조제고 집이고 배고 할 것 없이 할퀴고

짓부수는 거야."

아이들은 잠자코 아저씨의 말에 귀를 기울이기만 했습니다.

"미국의 오리건 주의 바닷가에는 파도 때문에 무게가 60킬로그램 되는 둥근 돌덩어리가 공중으로 30미터나 되는 번쩍 들려 등대지기 집 지붕을 뚫고 들어가 떨어진 일이 있지."

"등대지기는 어떻게 되었어요?"

"다행히 사람이 없어 괜찮았지."

"그때 방 안에 사람이 있었다면 가루가 되었겠네요."

"가루가 다 뭐니. 아주 무서운 폭탄이 되어 쑥밭을 만들었는데."

아이들은 서로 얼굴을 마주 보며 눈이 둥그래진 채 말이 없었습니다.

아저씨는 계속 이야기를 이어나갔습니다.

"바람에 의해 생긴 파도나, 바다 밑 지진 때문에 일어난 파도가 뭍(육지)으로 쳐들어올 때는 엄청난 힘을 나타내는 거야."

아저씨는 잠시 말을 끊고 아이들을 바라보았습니다.

아이들은 그런 광경을 보지 못했기 때문에 궁금한 마음들이었습니다.

"영국의 스코틀랜드 바닷가를 때리는 파도의 힘은 800톤의 콘크리트 담을 떠내려가도록 하고 있어."

"800톤이면 얼마나 커요?"

"8톤 트럭으로 치면 100대나 되지."

"와!"

아이들은 깜짝 놀랐습니다. 파도가 어마어마한 힘을 가진 걸 이제야 알았다는 듯했습니다.

"아저씨, 누가 바다를 성나게 하지요?"

영수가 물었습니다.

"그거 참 좋은 질문이다. 바다는 가만히 놔 두면 순하기가 그지 없지. 잔잔한 바다에 고깃배가 떠다니는 사진들을 보았지. 얼마나 평화스러워."

"그런 바다를 왜 성나게 만들지요?"

아이들은 더욱 궁금했습니다.

"그게 누구일까? 한 번 알아맞혀 보아라."

아저씨는 웃으면서 아이들의 얼굴을 살폈습니다. 아이들은 고개를 갸웃거리며 생각을 짜내기에 바빴습니다.

"얘들아, 너희들 아버지나 어머니의 얼굴이 밝지 못하고 찡그려지거나 흐려 있으면 너희들 얼굴은 어떻게 되겠니?"

"그거야 우리 얼굴도 흐려지겠지요."

한 아이가 말했습니다.

"알았다. 알았어. 하늘이다, 하늘. 하늘이 찡그리면 그렇게 되는 거야."

영수가 대단한 걸 발견이라도 한 듯 키득키득 웃었습니다.

“하늘이 어떻게 찡그려?”

또 한 아이가 영수의 말에 의문을 나타냈습니다

“구름이 끼면 찡그리는 거지.”

영수는 퉁을 주듯 말했습니다. 그 때 아저씨가 아이들의 말을 가로막았습니다.

"맞다. 구름이 끼는 것은 바로 하늘이 찡그리는 거다. 하늘은 맑다가 갑자기 구름이 끼고 바람과 비를 몰아오잖아. 이때 바다는 성을 내는 거야. 비구름이 몰아치면 바다는 저도 모르게 파도를 일으키거든."

"아저씨, 그러면 하늘이 성을 내지 않도록 하면 온 세상은 참 평화롭겠네요?"

"그렇지."

"그런 좋은 방법이 없을까요?"

"……."

아저씨도 한참 동안 말을 하지 못했습니다. 어떻게 하면 쉽게 이야기할 수 있을까 하고 생각하는 듯했습니다.

"참으로 안타까운 일이지. 그런 방법이 있으면 얼마나 좋겠니? 아직은 아무도 그런 좋은 방법을 알아내지 못하고 있어."

그때 한 아이가 말했습니다.

"내가 크면 하늘을 연구하겠다. 세계 평화는 하늘을 연구하는 데 있을 것 같아."

아이들은 어느새 과학자가 되어가고 있었습니다.

아이들의 마음은 바다에서 하늘로 올라가고 있었습니

다.

"그래, 너희들은 커서 훌륭한 과학자가 되거라. 하늘도, 바다도, 지구도, 그밖의 과학에 으뜸가는 과학자가 되어야지."

아저씨는 아이들의 머리를 쓰다듬어 주면서 용기를 북돋아 줬습니다.

지구 온난화가 바다에 미치는 영향

- 지구 온난화란 지구의 온도가 점점 높아져서 기후와 동식물들이 지금까지 살아왔던 생활환경이 바뀌고 있는 현상이다. 제일 큰 문제점은 남극에 있는 빙하가 점점 녹아서 바다로 흘러드는 바람에 바닷물의 높이가 점점 높아지고 있다는 것이다.

최근 지구의 기온이 상승하며 극지방의 북극곰들은 삶의 터전을 위협받고 있다. 얼음이 녹아 살 곳이 점점 줄어들고, 북극 생태계의 변화로 사냥감도 줄어들었기 때문이다. 또 얼음이 녹아서 물에 빠져 죽는 경우도 많다고 한다.

전 세계 빙하가 놀라운 속도로 녹고 있다. 고지대의 만년설이나 히말라야와 알프스의 거대한 눈과 얼음이 눈에 띄게 줄어든 것이다. 전문가들은 앞으로 10년 뒤 킬리만자로에는 더 이상 눈이 존재하지 않을 것이라고 말한다. 1970년 이래 북극 얼음의 두께 또한 무서운 속도로 얇아지고 있다.

북극의 두꺼운 얼음은 태양 에너지를 반사하여 지구의 기온을 낮추는 데에도 큰 역할을 하는 것으로, 북극의 빙하가 녹는 것은 그 자체로도 큰 문제이지만, 빙하가 녹으면 태양열을 흡수하는 바닷물의 면적이 넓어져 지구 온난화를 가속화시키는 원인이 되기도 한다.

상승하는 해수면
바다에 떠 있는 빙붕이나 산악 빙하가 녹아 바다로 떨어지면 해수면이 상승한다. 남극과 그린란드의 빙붕은 지금 빠른 속도로 녹고 있다. 만약 그린란드의 얼음이 모두 녹아 바다로 들어가면, 전 세계 해수면의 높이는 6m 가량 상승할 것이다.

섬을 떠나는 투발루 사람들
섬나라 투발루는 국토 전체가 서서히 물에 잠기고 있으며, 계속되는 바닷물의 공격으로 식물들이 점점 죽어 가고 있다. 투발루뿐만 아니라 지금도 태평양 저지대에 사는 사람들은 해수면의 상승으로 인해 생활 터전이 물에 잠겨, 하나둘 고향을 떠나고 있다.

도전 리틀과학자

재미있는 바닷속 여행

2015. 3. 3 인쇄
2015. 3. 5 발행

글 대한과학진흥회
그림 위스뉴스키 피에르
펴낸이 신 주 황
펴낸곳 스완미디어
등록 제2-4534호
주소 서울시 중구 만리동2가 12-33 태영빌딩
홈페이지 www.dollplaybooks.com
대표전화 02) 393-0026
팩스 02) 312-8349

ISBN 978-89-92565-73-8
ISBN 978-89-92565-70-7 (SET)

값 9,800원
※ 잘못 만들어진 책은 구입하신 곳에서 바꾸어 드립니다